あてなよる
大原千鶴のおつまみ百花

料理・大原千鶴
酒監修・若林英司

酒と
7
7 DEADLY ZINS
ZINFANDEL

あて

はじめに

「大原さん、番組やらない？」10年前、源（みなもと）監督からそうお声をかけてもらった。初めは監督のドラマで私が出ていたコーナーが面白いからスピンオフ番組を作ろうということだったらしい。それがどんなことかもわからず、「やりましょう〜〜」と二つ返事。

監督は人の引き合わせの天才で、抜群のセンスがそんなところにも生かされている。それから「若さま」との7年間が始まった。最初は時々やる番組だったのが毎週のレギュラーになり、2週間に一度の収録、そして試食会。慌ただしくて、大変で、でも楽しくて。

撮影時にはなんとカメラが7台も回っていて、毎回私の狭いアトリエに20人ほどの人が入って撮影が行われた。ディレクター陣、構成作家さん、プロデューサーさん、照明さん、カメラさん、音声さん、あと色々段取りをしてくれるアシスタントさんや助監督さん。本当にそれぞれのプロフェッショナルが集まって番組が出来ていく。素敵な番組をやらせてもらったこと、関わってくださった皆様に本当にこの場を借りて心から感謝をお伝えしたい。共にいい番組を作るために奔走したあの頃は、いつ思い出してもホロリとする。

6年前に1冊目の『あてなよる』の本を出し、それから溜まったレシピはなんと２８０品。今回全ては網羅できないが、皆様に作りやすく、役に立つレシピを90品お伝えすることにした。いまだに番組のファンがいてくださり「大好きな番組なんです」とお声をかけていただく。コロナを経て、暮らしを見つめ直す機会を得た方も多いと思う。1日の終わりに、気の利いたあてとささやかな美酒を嗜み、明日への英気を養う。そんな至福の時間に役立てば、これ以上嬉しいことはない。何より番組スタートから陰になり日向になり私たちを親身になって支えてくれた、須藤洋子さんにこの本を捧げたいと思う。

大原千鶴

酒とあての媒酌人

若林英司（わかばやし・えいじ）

ソムリエ。
長野県生まれ。
通称「若さま」。
フレンチレストランの名店で
シェフソムリエを歴任し、
現在「レストラン　エスキス」
総支配人。

あての求道者

大原千鶴（おおはら・ちづる）

料理研究家。
京都・花脊（はなせ）の料理旅館
「美山荘」に生まれる。
新しいレシピを思いつくのは、
たいていお酒を呑んでいるとき。

「あてなよる」企画・演出

源 孝志（みなもと・たかし）

演出家、脚本家、作家。

目次

第4章 魚介のあて

第5章 シメでも呑む

若さまが教える お酒をもっとおいしく味わう方法

この本の使い方

- この本で使用している計量カップは200ml、計量スプーンは大さじ1＝15ml、小さじ1＝5mlです。1mlは1ccです。
- 本書で使用している「だし」は、特にことわりのないかぎり、昆布・かつお風味のだしです。
- 電子レンジ、オーブン、オーブントースター、フードプロセッサー、魚焼きグリルなどの調理器具は、各メーカーの使用説明書などをよくお読みのうえ、正しくお使いください。
- 保存に使う瓶や保存容器は、消毒したものをご使用ください。また食べごろや保存期間は目安です。気候状況によって変わることがあります。

第1章　とりあえずのあて

いかとチーズのうまみを
のりが力強くまとめ上げる。
その秘密はのりに塗った
オリーブ油にあり。

あぶりのり巻き

材料（2人分）

いか（刺身用）…… ¼ぱい（60g）
クリームチーズ …… 2コ（40g）
焼きのり（全形） …… 1枚
オリーブ油しょうゆ
　しょうゆ …… 小さじ2
　オリーブ油 …… 小さじ1
塩 …… 適量
オリーブ油 …… 適量
青柚子（ゆず）の皮（黄柚子、すだち、レモンでもよい／すりおろす）
　…… 少々

つくり方

❶　クリームチーズは4等分の拍子木切りにする。いかは片面に包丁で細かく切り込みを入れて塩少々をふり、焼き網にのせてサッとあぶり、1cm幅に切る。

❷　のりは片面にオリーブ油を塗って焼き網でサッとあぶり、塩少々をふって8等分に切る。①のクリームチーズといかをのせて巻き、串でとめる。器に盛り、青柚子の皮をふり、オリーブ油しょうゆを添える。

合わせるのは

◎イタリア産赤ワイン
ボルゲリ・ロッソ・グラッタマッコ
産地・ボルゲリは海岸沿いで、のりの風味とマッチ。「熟成」同士でしょうゆと赤ワインは好相性。そこにオリーブ油とくれば、イタリア産赤一択。

若さまの金言

しょうゆには赤。
のりに合わせるには
海チカのワイナリーから

余りがちな粉チーズが
「とりあえず」の
あてに大変身。
香ばしさがクセになる。

チーズ焼きせんべい

材料（つくりやすい分量）

粉チーズ* …… 適量
A｜桜えび・細ねぎ（小口切り）…… 各少々
B｜からし明太子・実ざんしょう（水煮）…… 各少々
C｜青のり・削り節 …… 各少々

＊パルミジャーノチーズ（すりおろす）でもよい。その場合は、手順①で水少々を足して焼く。

つくり方

❶ 表面加工のしてあるフライパン（ホットプレートでもよい）を熱し、粉チーズ適量（1枚につき、粉チーズ大さじ1が目安）をのせて中火にかける。

❷ A、B、Cの具材をそれぞれのせて焼く。チーズが一度溶けて固まってきたら上下を返し、カリッとしたら完成。

合わせるのは

◎ランビックビール
ブーン・グーズ
酸味が特徴のベルギー産ビール、ランビック。ビールの酸味がチーズのコクを「切り」、塩味もさわやかに。

若さまの金言

コクと塩味は
酸味で制す

カッテージチーズ白あえ

材料（2人分）

大根（細切り）…… 60g
にんじん（細切り）…… 20g
絹さや …… 4本
A｜カッテージチーズ …… 40g
　｜うす口しょうゆ …… 小さじ½
塩 …… 小さじ¼
黒こしょう（粒／つぶす／あれば）…… 少々

つくり方

❶ 大根とにんじんに塩をまぶして10分間おき、出てきた水けを絞る。絹さやは筋を除き、熱湯でゆでて水けをきり、細切りにする。

❷ ボウルに①の野菜、Aを入れてあえる。器に盛り、黒こしょうをふる。

合わせるのは

◎秋田県産貴醸酒（きじょうしゅ）
新政 陽乃鳥
貴醸酒とは水の代わりに酒で仕込んだ日本酒で、濃密な甘み・とろみが特徴。こちらは酸味もあり、食事にも合わせやすい。ワイングラスで呑んでも◎。

若さまの金言

貴醸酒は
和食も洋食も
華やかに仕上げる

洋風漬け冷やっことモッツァレラチーズしょうゆ漬け

材料（2人分）

絹ごし豆腐 …… 1/2丁（150g）
モッツァレラチーズ（一口サイズ／汁けをきる）…… 100g
トマトオリーブソース
　トマト（粗みじん切り）…… 1/2コ分（50g）
　レモンの塩漬け*（粗みじん切り）…… 15g
　オリーブ（緑／塩漬け／粗みじん切り）…… 10g
　オリーブ油 …… 小さじ1
塩 ……小さじ1/2
しょうゆ …… 小さじ1
レモンの皮（細切り）…… 適宜

＊レモンの塩漬けのつくり方

レモン１コを薄切りにし、重量の10％の塩とともに清潔な保存容器に入れ、常温で２〜３日間おく。冷蔵庫で１か月間保存できる。

つくり方

❶ 豆腐に塩をまぶして厚手の紙タオルで包み、冷蔵庫で一晩おく。モッツァレラチーズ、しょうゆは保存容器に入れ、味にムラが出ないように時々容器の上下をそっと返しながら冷蔵庫で一晩おく。

❷ トマトオリーブソースの材料をすべてボウルに入れてよく混ぜ、30分間以上おく。

❸ 豆腐を食べやすく切って器に盛る。モッツァレラチーズの汁けをきって器に盛り、トマトオリーブソースをかける。好みでレモンの皮を添える。

合わせるのは

◎イタリア産白ワイン

カンティーナ・チンクエ・テッレ

世界遺産チンクエ・テッレで造られたワイン。フレッシュさと塩けを感じさせる。ワインの塩けとあての塩けが互いの味わいを一層深くする。

若さまの金言

適度な塩は
甘さを
引き立てる

塩漬けにした豆腐の濃厚な味わいを楽しむ、和とイタリアンが交差する新感覚のあて。

ちくわ天・3種

材料（3本分）

ちくわ …… 3本

A
- ツナ（缶詰／油漬け／フレーク／汁けをきる） …… 30g
- 紫たまねぎ（みじん切り） …… 大さじ1
- パセリ（みじん切り） …… 少々
- マヨネーズ …… 大さじ1

B
- ゆで卵*（みじん切り） …… 1コ分
- ピクルス（きゅうり／みじん切り） …… 5g
- マヨネーズ …… 大さじ2
- 黒こしょう（粗びき） …… 少々

C
- 牛こま切れ肉（サッとゆでて水けをきる） …… 1〜2枚
- 青じそ …… 2枚
- プロセスチーズ（3等分に切る） …… 1コ（15g）

衣
- 小麦粉 …… 40g
- 水 …… カップ1/4

米油 …… 適量

＊ゆで卵のつくり方

常温に戻した卵を熱湯で10分間ゆでる。

つくり方

❶ **A**の材料をボウルに入れ、よく混ぜる。ちくわ1本を立て、**A**をちくわの穴に押しつけるようにして入れる。**B**も同様にする。

❷ まな板に**C**の青じそを縦に並べて牛肉、チーズを順にのせる。ちくわ1本に縦に切り込みを入れ、はさむようにして詰める（具材がはみ出す場合は、量を調整する）。

❸ ①と②のちくわをバットに並べる。衣をよく溶いてかけ、全体にしっかりまとわせる。

❹ 170℃に熱した米油に入れ、表面が固まってきたら*、菜箸で転がしながら約2分間カリッとするまで揚げる。食べやすい大きさに切り、器に盛る。

＊油で揚げるときは、表面が固まるまでさわらないこと。

カマカバ

材料（2人分）

- かまぼこ …… 1本
- 焼きのり（全形） …… 1/4枚
- うなぎのたれ（市販） …… 大さじ1
- 片栗粉 …… 適量
- ごま油（白） …… 小さじ1
- 粉ざんしょう …… 少々

つくり方

❶ かまぼこの板を包丁で外し、長さを半分に切る。厚さを半分に切り、かば焼き風に片面に細かく包丁を入れる。のりは、かまぼこの大きさに合わせて切る。

❷ ①のかまぼこの切り目を入れていない面に、のりを貼りつけ（のりがつきにくい場合は、水を少しつけながらのりをのせるとよい）、両面に片栗粉をまぶし、竹串を2本刺す。

❸ 表面加工のしてあるフライパンにごま油を入れて中火にかけ、②の串をのりがついている側から入れて焼く。途中上下を返し、全体がこんがりと焼けたら、うなぎのたれを回し入れ、フライパンをやさしく揺すって全体にからめ、火を止める。器に盛り、粉ざんしょうをふる。

みんな大好き、
具材を詰めた、
食べごたえたっぷりの
ちくわ天。

合わせるのは

◎ フランス産シードル

エリック・ボルドレ・シードル ブリュット

ブルターニュのシードルで、この銘柄は発泡の辛口。泡がちくわ天の油をすっきりと切る。

蒲鉾(かまぼこ)の蒲焼(かばやき)！
隠し包丁で
甘辛だれが
よくしみる。

合わせるのは

◎ イタリア産発泡赤ワイン

コンチェルト・ランブルスコ・レッジアーノ・セッコ

発泡赤のランブルスコは甘みの強いものが多いが、こちらはすっきり風味でうまみを引き上げる。

材料（2人分）

はんぺん（3cm角に切る）…… 1枚（90g）
ゴルゴンゾーラチーズ …… 40g
りんご（皮付きのままいちょう切り）…… ¼コ
バター …… 10g
はちみつ …… 大さじ1
黒こしょう（粒／つぶす）…… 少々
ミントの葉（あれば）…… 少々

つくり方

フライパンにバター、りんごを入れて中火にかけ、炒める。りんごがしんなりとしたら、はんぺんを加え、箸で転がしながら炒める。はんぺんにこんがりと焼き色がついたら、ゴルゴンゾーラチーズを加える。溶けたチーズを全体にからめ、火を止める。器に盛ってはちみつをかけ、黒こしょう、ミントの葉をのせる。

合わせるのは

◎イタリア産赤ワイン

バルベーラ・ダルバ ルイジ・ピラ

フルーツのような香りが特徴。ほどよい酸味と渋みがはちみつとはんぺんの後味を爽やかに。

材料（2人分）

ミックスナッツ（素焼き／粗く刻む）…… 40g
A | ごま油（白）…… 小さじ1
A | 柚子こしょう …… 小さじ½

つくり方

ミックスナッツ、**A**をボウルに入れてあえる。

合わせるのは

◎若さま特製・上海ハイボール

紹興酒を炭酸で割り、レモンを搾る（レモンは皮を下にして搾ると、皮の香りがよく出る）。柚子こしょうの辛みを流し、うまみを増す。

揚げそば茶

そば茶を香ばしくいって、あと引くおいしさに。

材料（つくりやすい分量）

そば茶 …… 100〜120g
ごま油（白）…… 大さじ1
塩 …… 少々

つくり方

❶ フライパンにそば茶、ごま油を入れて弱めの中火にかけ、混ぜながら焦げないようにいる。

❷ 香ばしいにおいがしてきたら、紙タオルの上に広げて余分な油を吸わせ、塩で味を調える。

合わせるのは

◎長野県産シードル

オルター ハードサイダー

ふじりんごの辛口シードル。シードルの名産地ブルターニュではそば粉のガレットが愛されているところから発想。

北京ダックもどき

鶏皮で本家よりもさっぱり風味に。

材料（3コ分）

鶏皮 …… 1枚（30〜40g）
きゅうり（細切り）・ねぎ（せん切り）…… 各適量
ライスペーパー（直径22cm）…… 1枚
塩 …… 少々
甜麺醤 …… 適量

つくり方

❶ 表面加工のしてあるフライパンに鶏皮を広げ入れ、塩をふって中火にかける。途中で上下を返し、フライ返しで上から押しつけながら両面をカリカリに焼く。紙タオルに取り出して余分な油を吸わせ、食べやすい大きさに切る。

❷ ライスペーパーは水にくぐらせて戻し、1枚を3等分に切る。きゅうり、ねぎ、①の鶏皮をのせて巻く。器に盛り、甜麺醤を添える。

合わせるのは

◎神奈川県産ひやおろし

昇龍蓬莱 生もと純吟

ひやおろしの角が取れてやわらかな味わいが、甜麺醤とベストマッチ。

きゅうりのオープンサンド

材料（2人分）

きゅうり …… 1本（100g）
食パン（10枚切り／みみは左右のみ切り落とす）…… 2枚
バター（常温に戻す）…… 適量
フレンチマスタード …… 適量
塩 …… 小さじ1/3

つくり方

❶ きゅうりはピーラーで皮をむき、スライサーで薄切りにする。塩をふって約5分間おき、水けをしっかりと絞る。

❷ 食パンは３等分に切ってオーブントースターでこんがりと焼き、片面にバターを塗る。

❸ ①のきゅうりを紙タオルに包んで再度水けを絞り、②のパンにのせる。きゅうりにフレンチマスタードをのせる。

合わせるのは

◎若さま特製ジンソニック

ジンにはボンベイ・サファイアを使用

氷で冷やしたグラスにジン、トニックウォーター、ソーダを加える。ジンときゅうりの爽やかさが相まって、森のような香りが吹き抜ける。

若さまの金言

ジン、ソーダ、トニック……
ジンソニックが
涼を運ぶ

ごまみそスプレッド

材料（2人分）

A｜練りごま（白）・西京みそ …… 各大さじ1
バゲット …… 適量
トッピング
｜トマト（粗みじん切り）・青じそ（ザク切り）…… 各適量
レモンの皮（すりおろす）・黒こしょう（粒／つぶす）
…… 各少々

つくり方

❶ **A**は混ぜ合わせる（練りごまが堅い場合は、水少々を足すとよい）。

❷ バゲットは食べやすくスライスして（オーブントースターでカリッと焼いてもよい）、**A**を塗る。トッピングをのせ、レモンの皮、黒こしょうをふる。

合わせるのは

◎シェリー酒

バルデスピノ ティオ・ディエゴ・アモンティリャード

シェリーの中でも辛口タイプのアモンティリャードはナッツのような香りを持ち、ごまの香ばしさと響き合う。

えびパン

合わせるのは

◎カリフォルニア産白ワイン

ザ・ペアリング　ソーヴィニヨンブラン　カリフォルニア

カリフォルニアのナパ・ヴァレーの温暖な気候に育まれたこのワインは酸味が控えめでふくよかなコクが特徴。揚げ食パンの濃厚なうまみにマッチ。

若さまの金言

カリフォルニアの
爽やかな風で
油をすっきり流す

材料（8コ分）

むきえび …… 80g
食パン（10枚切り／みみを切り落とす） …… 8枚
たまねぎ（みじん切り） …… ¼コ分（50g）
パクチー（根元を切り落とす） …… 1～2株
A
　ナムプラー・片栗粉 …… 各小さじ1
　ごま油・塩・こしょう …… 各少々
スイートチリソース
　みりん・米酢 ……各大さじ2
　砂糖 …… 大さじ1
　片栗粉・トマトケチャップ …… 各小さじ1
　豆板醤・塩 …… 各小さじ¼
　にんにく（すりおろす） …… 少々
米油 …… 適量
パクチー（付け合わせ用） …… 適宜

つくり方

❶　たまねぎは耐熱容器に入れ、ラップをかける。電子レンジ（600W）に2分間かけ、冷ます。

❷　スイートチリソースの材料を耐熱容器に入れてよく混ぜる。ラップをかけずに電子レンジ（600W）に30秒間かけて取り出し、混ぜる。再び電子レンジ（600W）に30秒間かけて取り出し、混ぜる（トロッとするのが目安）。

❸　えびはサッと洗って水けをきり、背ワタを除く。えび、パクチーをフードプロセッサーに入れて約10秒間かけ、粗いみじん切り状態にする。①のたまねぎ、**A**を加えてへらでよく混ぜる。

❹　食パンに③を等分にのせて半分に折りたたみ、縁を指でギュッと押さえて密着させる。160℃の米油に入れ、時々上下を返しながら、全体がこんがりとするまで揚げる。器に盛り、スイートチリソースとパクチーを添える。

カリカリに揚げたパンの中から
えびのうまみと
パクチーの香りが飛び出す。

ツナ缶おこげ・パセリソース

材料（2～3枚分）

A
- ご飯（温かいもの）…… 茶碗1杯分（150g）
- ツナ（缶詰／油漬け／フレーク／汁けをきる）…… ½缶（30g）

パセリソース*
- パセリの葉 …… 30g
- オリーブ油 …… 大さじ4
- にんにく …… 1片
- 塩・レモン汁 …… 各小さじ½

＊残ったパセリソースは清潔な保存容器に入れ、冷蔵庫で1週間保存できる。冷凍も可。

つくり方

❶ ポリ袋にAを入れ、袋の外側から手でよくもむ。2～3等分し、その1個ずつをオーブン用の紙に置き、上からもオーブン用の紙をのせて、麺棒で薄くのばす。

❷ ①を1枚ずつ、オーブン用の紙にのせた状態でパリッとするまで電子レンジ（600W）に3～4分間かける。

❸ パセリソースの材料をハンドブレンダーでなめらかになるまでかくはんする。

❹ ②を食べやすく切って器に盛り、パセリソースを添える。

合わせるのは

◎イタリア産白ワイン

ヴェルディッキオ・ディ・カステッリ・ディ・イエージDOC

イタリア中部イエージにて、土着品種であるヴェルディッキオで造ったワイン。後味にナッツのような香りが立ち、おこげの香ばしさに合う。

ご飯にツナという、
おにぎりの定番コンビを
カリカリおこげに。
パセリソースをディップすれば
気分はイタリア?!

第2章 野菜と果物のあて

にんじん薄焼き

材料（2枚分）

にんじん（せん切り）……（小）1本（100g）
にんじんの葉
（パセリやセロリの葉でもよい／1cm長さに切る）
……20g

A
- 小麦粉……40g
- 水……50ml
- 塩……1つまみ

ごま油……大さじ2
酢じょうゆ
- 米酢……大さじ1
- しょうゆ……大さじ½

つくり方

❶ ボウルにAを入れてよく混ぜ、にんじん、にんじんの葉を加えてざっくりと混ぜる。

❷ フライパン（またはホットプレート）にごま油大さじ½を入れて中火にかけ、①の半量を入れて円形に広げて焼く。片面がこんがりと焼けたら上下を返し、ごま油大さじ½を足し、へらで押さえながら焼く。焼けたら取り出し、金網にのせて蒸気を逃がす。残りも同様に焼く。

❸ ②を食べやすく切って器に盛る。合わせた酢じょうゆを添える。

合わせるのは

◎山梨県産白ワイン

シャトー・メルシャン甲州

甲州種を使った山梨県勝沼のワイン。爽やかでキレの良い酸味が特徴。軽やかなアルコール感で、にんじんの繊細な甘みに合う。

若さまの金言

繊細な和のテイストには
日本のワインを
合わせる

スペインのねぎの丸焼き・
カルソッツ。
豪快に直火であぶって、
ねぎの甘みを丸ごと味わう。

大原流カルソッツ

材料（つくりやすい分量）

ねぎ …… 適量
焼肉のたれ
　しょうゆ・砂糖 …… 各大さじ1
　ごま油 …… 大さじ½
　にんにく（すりおろす）…… 小さじ¼
　粉とうがらし …… 少々
大根おろし …… 適量

つくり方

❶ ねぎは金串に刺し、直火で真っ黒になるまで焼く。

❷ 金串から外し、切り込みを入れて焦げた部分をはがす。混ぜ合わせた焼肉のたれ、大根おろしを添える。

合わせるのは

◎カヴァ

モンサラ・カヴァ・ブリュット・バルディネット

スペインのスパークリングワイン・カヴァ。氷を入れたタンブラーに注いで、豪快にグッと呑む。氷によって少し薄まると、ねぎの甘みがさらに広がる。

若さまの金言

ねぎをおいしく食べたけりゃ、
カヴァに氷を
ぶちこんでみよ

ブロッコリーで簡単ザーサイ

材料（つくりやすい分量）

ブロッコリーの茎（太いもの）…… 1コ分（正味80g）

A
- 鶏がらスープ（顆粒／中華風）・塩・ごま油 …… 各小さじ1/4
- 米酢・こしょう・ラー油 …… 各少々

白ごま …… 少々

つくり方

❶ ブロッコリーの茎は皮をむき、スライサーで薄い輪切りにする。

❷ ①を耐熱容器に入れてラップをふんわりとかけ、電子レンジ（600W）に1分30秒間かける。しんなりとしたら、**A**を入れて手でもみ、味をなじませる。

❸ 器に盛り、白ごまをふる。

合わせるのは

◎オランダ産ライトビール
ハイネケン

ハイネケン独自の「A酵母」は軽やかでフルーティーさがあり、ブロッコリーの青さを引き立てる。ラガービールでは苦みが立ちすぎてしまう。

若さまの金言

グリーンな食材には
グリーンボトルの
ハイネケンを

きゅうり餃子

材料（20コ分）

きゅうり …… １本（100g）
餃子の皮（大判）…… 20枚
豚ひき肉 …… 100g

A
- 長芋（すりおろす）…… 大さじ½
- オイスターソース …… 小さじ１
- 塩 …… 小さじ¼
- にんにく（すりおろす）・こしょう …… 各少々

たれ
- 米酢・うす口しょうゆ …… 各大さじ１
- ラー油 …… 適宜

塩 …… 小さじ½
ごま油 …… 大さじ１

つくり方

❶ きゅうりはスライサーで薄い輪切りにする。塩をふって5分間おき、出てきた水けをしっかりと絞る。

❷ ボウルにひき肉、①のきゅうり、**A**を入れてよく練り、餃子の皮で包む。

❸ フライパンにごま油大さじ½を入れて中火にかけ、②を並べ入れて焼く。焼き色がついてきたら水大さじ３を入れてふたをし、２～３分間蒸し焼きにする。水けがほぼなくなったらふたを外し、残った水分をとばす。残りのごま油を回し入れ、全体がカリッとしたら火を止める。ふたを少しずらしてのせ、余分な油をきってから、器に盛る。混ぜ合わせたたれを添える。

合わせるのは

◎スイス産白ワイン
ウヴァヴァン・シャスラ

「餃子＝ビール」を覆す！ スイスの涼しい気候で育まれたシャスラ種のワインは清涼感があり、きゅうりとマッチ。

若さまの金言

あっさり風味の
餃子には
シャスラ

ビールをまとったオニオンリング

材料（2人分／10～12コ分）

たまねぎ …… 1コ（正味150g）
ヨーグルトソース
　プレーンヨーグルト（無糖）…… 60g
　青じそ（みじん切り）…… 5枚分
　マヨネーズ …… 大さじ1
　にんにく（すりおろす）・塩 …… 各少々
A
　小麦粉 …… 50g
　片栗粉 …… 大さじ1
　塩 …… 1つまみ
ビール …… 大さじ4
米油 …… 適量／塩 …… 少々

つくり方

❶ ボウルにヨーグルトソースの材料を入れ、よく混ぜる。

❷ たまねぎは2cm厚さの輪切りにし、手でほぐす*。

❸ 別のボウルにAを入れて混ぜる。②のたまねぎにまぶして、たまねぎをバットに取り出す。

❹ ③のボウルにビールを加えて泡立て器でよく混ぜる。たまねぎをくぐらせ、170℃に熱した米油に入れる。表面が固まってきたら、上下を返しながら2～3分間カリッとなるまで揚げる。塩をふり、ヨーグルトソースを添える。

＊リング状にするので余った芯は別の料理に使う。

合わせるのは

◎カシスソーダ

ルジェ クレーム・ド・カシスにソーダ、レモン

カシスの名産地、フランス・ディジョンのもので、甘さと酸味のバランスが良い。たまねぎの甘さ、ヨーグルトソースの酸味とマッチ。

若さまの金言

意外な組み合わせでも
勇気をもって
トライ！

衣にビールを加えることで、コクが出て、食感は軽やかに。手づくりヨーグルトソースがベストマッチ。

まるまるたまねぎコクまろ煮込み

ほっとするたまねぎの甘みに、牛肉と韓国風ソースの力強い味わいを合わせる。

つくり方

❶ 牛肉はボウルに入れる。**A**を加えて手でもみ込み、15分間ほどおく。

❷ 鍋にごま油を入れて中火にかけ、①の牛肉を炒める。牛肉の色が変わったら、たまねぎを入れ、たまねぎがひたひたにつかるぐらいの水を入れる。沸いたらアクを取り、赤とうがらしを入れ、ふたをして30分～1時間コトコトと煮る。たまねぎがしっかりと柔らかく煮えたら味をみて、足りなければ、しょうゆ適量（分量外）で味を調える。

❸ 1人分ずつ仕上げる。②のたまねぎ1コを牛肉¼量、煮汁適量とともに1人用の土鍋に移してふたをし、中火にかける。煮立ったら、にら¼量をのせて卵黄1コを落とし、好みの半熟状になったら完成。好みでラー油をふっても。

材料（4人分）

たまねぎ* …… 4コ（600～700g）
牛こま切れ肉（食べやすい大きさに切る）…… 200g
A
しょうゆ …… 大さじ2
鶏がらスープ（顆粒／中華風）・
コチュジャン・ごま油 …… 各大さじ1
にんにく（すりおろす）…… 1片
ごま油 …… 小さじ2
にら（4cm長さに切る）…… ½ワ
赤とうがらし（ヘタと種を取り除く）…… 1本
卵黄 …… 4コ
ラー油 …… 適宜

*むいた皮を洗ってだしパックに詰め、②で煮汁に入れて煮るとだしが出る。

合わせるのは

◎奈良県産純米原酒　**花巴　純米原酒　水もと**

原酒ならではのふくよかでたくましい味わいが特徴。煮込みの強い味わいに負けず、乳酸菌の酸味がたまねぎの甘みを引き立てる。

豪快にキャベツを味わう一品。衣に桜えびを加えて、香ばしさアップ。

キャベカツ

材料（2人分）

キャベツ（縦半分に切る）……1/4コ（300g）
A｜小麦粉……40g
　｜水……大さじ4
パン粉（細目）……適量
桜えび（乾）……大さじ1～2
米油……大さじ1～2
レモン（搾りやすく切る）……適量
塩・黒こしょう（粒／つぶす）……各少々

つくり方

❶　よく混ぜたAをキャベツの断面につけ、パン粉、桜えびをまぶしつける。

❷　フライパンに米油を入れて弱火にかける。①を入れてふたをし、10分間ほどしんなりするまで焼く。上下を返し、再度ふたをしてさらに約10分間焼く。両面にこんがりと焼き色がつき、キャベツがすっかり柔らかくなったら火を止める。器に盛り、レモン、塩、黒こしょうを添える。

合わせるのは

◎ポルトガル産白ワイン
アフェクテュス・ロウレイロ
通称「緑のワイン」。ハーブのような香りと酸味で、キャベツの甘みや食感を引き立てる。

若さまの金言

「緑のワイン」でキャベツの甘さがフルーツのように

すぐできシュークルート

材料 (3〜4人分)

キャベツ (芯を除いて細切り) …… ¼コ (250g)
じゃがいも (薄い半月切り) …… 1コ (150g)

A
- 水 …… カップ1
- 白ワイン …… カップ¼
- バター …… 10g

B
- 米酢 …… 大さじ2
- 塩 …… 小さじ1
- 黒こしょう (粒) …… 5粒
- ローリエ …… 1枚
- キャラウェイシード …… 少々
- ジュニパーベリー (あれば) …… 2粒

C*
- ベーコン (塊/食べやすく切る) …… 150g
- ウインナーソーセージ …… 3〜4本 (250g)

タイム (あれば) …… 適宜
クミンシード・粒マスタード …… 適宜

*ベーコン、ウィンナーソーセージは好みのものでよい。

つくり方

❶ **A**を鍋に入れて中火にかける。沸いたらじゃがいもを入れ、ふたをして柔らかくなるまで約10分間煮る。キャベツ、**B**を加えて再度ふたをし、キャベツがしんなりするまで5分間ほど、時々混ぜながら煮る。

❷ ①に**C**をのせてふたをし、弱めの中火で5分間ほど蒸し煮にする。皿に盛り、あればタイムをのせ、好みでクミンシード、粒マスタードを添える。

合わせるのは

◎アルザス産白ワイン
ヴィエイユ・ヴィーニュ　シルヴァネール2017
ドメーヌ・オステルタッグ

アルザス名物にはアルザスワインを。ソーセージのうまみ、キャベツの酸味にワインの酸味が一体となり、甘いうまみが生まれる。

若さまの金言

ソーセージのうまみを
引き出すのは
赤の渋みではなく白の酸味

アルザス名物シュークルートが、
酢で煮ることで
あっという間にでき上がり。

アボカド前菜3種

材料（2人分）

アボカド（縦半分に割り、皮と種を除く）…… 1コ

A
- みそ …… 30g
- みりん …… 大さじ1

B
- いかの塩辛（粗みじん切り）…… 小さじ1
- 柚子果汁 …… 小さじ½
- 柚子の皮（すりおろす）…… 少々

C
- オリーブ油 …… 小さじ½
- にんにく（すりおろす）・塩 …… 各少々

バゲット（好みの厚さに切ってこんがりと焼く）…… 適宜

つくり方

❶ ラップを広げ、混ぜ合わせた**A**の半量をのせる。アボカド½コ分を断面を下にし、覆うように置く。残りの**A**をアボカド全体に塗ってラップで包み、冷蔵庫でひと晩おく。

❷ 残りのアボカドの半量（¼コ分）を1cm角に切ってボウルに入れ、**B**であえる。器に盛り、あれば柚子の皮少々（分量外）をのせる。

❸ 別のボウルに残りのアボカド（¼コ分）を入れてフォークの背でつぶし、**C**を加えてよく混ぜる。

❹ ①のアボカドは**A**を軽くぬぐってスライスし、器に盛り、ぬぐった**A**適量をのせる。②、③も器に盛る。好みでバゲットを添える。

合わせるのは

◎新潟県産スパークリング日本酒
瓶内二次発酵酒 あわ 八海山

シャンパンのようにフルートグラスでいただく。アボカドのねっとりした食感と青みを、発泡日本酒のキレで飽きずに楽しめる。

若さまの金言

アボカドの
ほろ苦さと青みを
日本酒がうまみに変える

生のアボカドの味わいを楽しむ前菜盛り。みそ漬けは濃厚さ、塩辛あえは甘み、ディップは爽やかさが楽しめる。

アボカドクロケット

材料（2人分／約6コ分）

アボカド（種を除いて皮をむく）…… 1コ

A
- たまねぎ（みじん切り）…… 30g
- 小麦粉 …… 大さじ2
- マヨネーズ …… 大さじ1
- 塩 …… 1つまみ

小麦粉・パン粉（細目）・米油 …… 各適量

つくり方

❶ ボウルにアボカドを入れてフォークの背でつぶし、**A**を加えてよく混ぜる。

❷ ①を6等分にし、丸める。小麦粉、パン粉の順にまぶし、170℃に熱した米油に入れる。表面が固まってきたら、菜箸で転がしながら2〜3分間カリッとするまで揚げる。

合わせるのは

◎ジントニック

No.10タンカレー×フィーバーツリープレミアムトニックウォーター×ライム

ジンは瓶ごと冷凍しておく。グラスにジンを入れ、トニックウォーターを静かに注ぎ、ソーダを少し加える。ライムを搾りながら入れ、大きな氷を加える。

若さまの金言

甘いクロケットには
ジントニックの
苦みをあてる

アボカドボード

材料（2人分）

アボカド …… 1コ

A	豚ひき肉 …… 50g 酒 …… 大さじ1 ごま油 …… 小さじ1 にんにく（みじん切り）…… 小さじ½
B	甜麺醤・豆豉醤・豆板醤 …… 各小さじ1
C	しょうゆ …… 小さじ1 花椒塩* …… 少々

シュレッドチーズ（溶けるタイプ）…… 適量

＊花椒と塩などをブレンドしたシーズニングスパイス。

つくり方

❶ アボカドは縦にグルリと1周切り込みを入れて2つに割り、種を除く。スプーンを皮と果肉の間に差し入れ、皮から果肉をすくい取って2cm角に切る。皮はとっておく。

❷ フライパンに**A**を入れてへらで混ぜ、ひき肉に酒を吸わせてから中火で炒める。ひき肉に火が通ったら、**B**を加えて混ぜながら炒め、**B**がひき肉になじんだら、①のアボカドの果肉を加えてザッと炒め、**C**で味を調えて火を止める。

❸ ①のアボカドの皮に②を等分に入れ、シュレッドチーズをかける。230℃に温めたオーブンで3〜5分間焼く。

合わせるのは

◎イタリア産赤ワイン

アマローネ・デッラ・ヴァルポリチェッラ レ・ヴィッレ・ディ・アンタネ

イタリア・ヴェネト州ヴェローナ産の赤ワイン。「アマローネ」は陰干ししたぶどうを使い、苦みと甘みが特徴で中華味にマッチ。

若さまの金言

豆板醤や
甜麺醤の刺激を
アマローネで和らげる

マーボー味のひき肉に
アボカドのほっくりした
食感がよく合う。
チーズでコクを添えて。

あての代表格、ナムル。
ナムルとしては
少し珍しい
野菜を使えば、
新たなあての
世界が広がる。

ナムル千鶴スタイル3種

材料（つくりやすい分量）とつくり方

エリンギのナムル

フライパンにごま油小さじ２を入れて中火にかけ、食べやすく切ったエリンギ100ｇ、すりおろしたにんにく½片を入れて炒める。にんにくの香りが立ってきたらごま油少々を足し、塩小さじ¼で味を調える。

せりのナムル

せり１ワを３cm長さに切り、ボウルに入れる。塩・柚子果汁各小さじ¼、ごま油小さじ１、白ごま小さじ½を順に加えてよく混ぜる。器に盛り、白ごま適量をふる。

切り干し大根のナムル

切り干し大根15ｇはサッと洗って、たっぷりの水に１～２分間つけて戻す。再度洗って水けを絞る。食べやすい長さに切り、ボウルにほぐしながら入れ、チャンジャ60ｇ、しょうゆ・ごま油各小さじ１を加えてよく混ぜる。

合わせるのは

◎秋田県産純米酒

新政　亜麻猫　白麹仕込純米

軽やかでフルーティーな日本酒をワイングラスでいただく。ナムルの辛みやごま油の風味がフラットに和らぎ、箸と酒が止まらなくなる。

若さまの金言

白麹の新時代日本酒は
変化球ナムルにも
太刀打ちできる

ごぼうのささがきを
ペペロンチーノ風に。
アンチョビの香りを
効かせるのがポイント。

ごぼうのペペロンチーノ

材料（2人分）

ごぼう …… $\frac{1}{2}$本（100g）

A | オリーブ油 …… 小さじ2
  | にんにく（薄切り）…… 2〜3枚

アンチョビ（フィレ／刻む）…… 2〜3枚分

水菜（3cm長さに切る）…… 1株

赤とうがらし（小口切り）…… 少々

塩 …… 少々

つくり方

❶ ごぼうはピーラーでささがきにする。サッと水にさらし、ざるに上げて水けをきる。

❷ フライパンに**A**を入れて中火にかけ、①のごぼうを入れて炒める。しんなりしてきたら、アンチョビ、赤とうがらしを加えて炒め、塩で味を調える。水菜を加えてザッと炒め、火を止める。

合わせるのは

◎国産ラガービール

キリン クラシックラガー瓶

ホップの苦みとうまみがしっかりした超定番ビール。ごぼうのほんのりとした苦みがホップの苦みと溶け合って、ごぼうの甘みが立つ。

若さまの金言

国産ラガーで
ごぼうの苦みを
うまみに変える

ピーマンの肉ジャナイ詰め

材料（4～6コ分）

ピーマン …… （小）4～6コ（約150g）
むきえび …… 100g

A
- はんぺん …… 30g
- たまねぎ …… 20g
- 豆板醤 …… 小さじ¼
- 片栗粉・ごま油・酒 …… 各小さじ1
- 塩 …… 1つまみ

B
- 水 …… 大さじ4
- トマトケチャップ …… 大さじ3
- 紹興酒*・しょうゆ …… 各小さじ2
- 鶏がらスープ（顆粒／中華風）…… 小さじ½
- 豆板醤・砂糖 …… 各小さじ1
- こしょう …… 少々

ごま油 …… 小さじ1

＊普通の酒でもよい。

つくり方

❶ えびはサッと洗って水けをきり、背ワタを除く。**A**と一緒にフードプロセッサーに10秒間ほどかけて、粗みじん状態にする。

❷ **B**をボウルに入れてよく混ぜ、ソースをつくる。

❸ ピーマンはヘタから2cmのところで切って種を除く。実のほうの内側に片栗粉少々（分量外）をまぶし、①を詰める。ヘタがついたほうの内側にも①を詰め、縁に片栗粉少々（分量外）をつけ、ヘタと実を元どおりに合わせる。

❹ フライパンにごま油を入れて③を並べ入れ、ふたをしてから中火にかける。パチパチと音がしてきたら、弱火にして時々様子を見ながら約5分間焼く。火が通ったら、②のソースを加えてふたをし、軽く揺すってピーマンになじませ、火を止める。

合わせるのは

◎イタリア産赤ワイン

ルケ・ディ・カスタニョーレ
モンフェッラート

赤ワインは常温がセオリーだが、このワインはよく冷やして。冷やすことで果実の香りが強くなり、ピーマンの青みにマッチする。

肉ではなく海鮮のタネを詰めて。
スパイシーなチリ風ソースがクセになる。

干しいもと生ハムのフライ

干しいもの甘み、生ハムの塩け、青じその香りが奇跡のハーモニーを奏でる。

材料（8コ分）

干しいも（細長く切る）…… 1～2枚
生ハム（長さを半分に切る）…… 4枚
ナチュラルチーズ（裂けるタイプ）…… 2コ（50g）
青じそ …… 8枚
A｜小麦粉・溶き卵・パン粉（細目）…… 各適量
米油 …… 適量

つくり方

❶ チーズは長さを半分に切ってから縦半分に切る。

❷ 生ハムに青じそ1枚、干しいも1切れ、チーズ1切れをのせて端からくるくると巻く。残りも同様にする。

❸ ②にAを順につけ、170℃に熱した米油で揚げる。表面が固まってきたら、菜箸で転がしながら2～3分間カリッとするまで揚げる。

合わせるのは

◎若さま特製・焼酎レモンサワー

レモンの皮を漬け込んだ黒糖焼酎「朝日」に凍らせたレモンの果肉を加え、ソーダで割る。フライの濃厚な味を爽やかに。

塩辛ガレット

じゃがいも×塩辛の定番コンビをガレットに。

材料（2人分）

じゃがいも（細切りにする）…… 1コ（150g）
A｜片栗粉 …… 大さじ1
　｜塩 …… 1つまみ
バター（1cm角に切る）…… 10g
いかの塩辛（粗く刻む）…… 小さじ1
せり（あれば）…… 少々

つくり方

❶ じゃがいも、Aをボウルに入れて混ぜる。

❷ 直径約20cmのフライパンに①を広げる。バター半量をのせ、塩辛を散らし、ふたをして弱火にかける。4～5分間焼いたら上下を返して残りのバターをのせ、時々へらで上から押しつけながらもう片面もこんがりと焼く。食べやすく切って器に盛り、あればせりを飾る。

合わせるのは

◎ スペイン産ドライシェリー酒 フィノ

ティオ・ペペ

シェリーのなかで最も辛口のフィノが塩けに合い、酸味が油を切ってくれる。

グレープフルーツのお刺身

グレープフルーツとわさびじょうゆが、おどろきの好相性。

すいかのあえもの

パクチー、アーモンドとあえることで、スイカがあてに変身。

材料（2人分）

すいかの皮 …… 1切れ分（正味約100g）
削り節 ……（小）1パック（2〜3g）

A
- うす口しょうゆ …… 小さじ2
- 米酢 …… 小さじ1
- にんにく（すりおろす）・粉とうがらし …… 各少々

パクチー（2cm長さに切る）…… 1株
アーモンド（素焼き／食塩不使用／刻む）…… 2〜3粒

つくり方

❶ 耐熱容器に削り節を入れ、ラップをかけずに電子レンジ（600W）に30秒間かける。

❷ すいかの皮は外側の堅い緑の部分をそぎ落とし、細切りにする。

❸ ボウルに②のすいかの皮、Aを入れてあえる。なじんだら、①の削り節、パクチー、アーモンドを加えて混ぜ、器に盛る。好みで柚子の皮をふる。

合わせるのは

◎ニュージーランド産白ワイン

フォリウム・ヴィンヤード
ソーヴィニヨン・ブラン　リザーブ2016

フレッシュでフルーティーなソーヴィニヨン・ブランがすいかのフレッシュさと好相性。

材料（つくりやすい分量）

グレープフルーツ（白・赤）…… 各適量
生わさび（すりおろす）・しょうゆ …… 各適量

つくり方

❶ グレープフルーツは皮を薄皮ごとむき、房の間にV字に包丁を入れ、果肉を取り出す。

❷ しょうゆ、わさびを添える。

合わせるのは

◎スペイン産微炭酸白ワイン

チャコリ・カチニャ

酸味が特徴の微発泡ワイン。「酸味×酸味=甘み」の公式がずばりハマる。

稲庭ゴーヤーベーゼ
～小あゆとゴーヤーのワタの天ぷらのせ～

材料（2人分）

ゴーヤー …… 1本
稚あゆ …… 4匹
冷凍うどん（稲庭風）…… 2玉

A
- オリーブ油 …… 大さじ2～3
- レモン汁 …… 小さじ1
- 塩 …… 小さじ¼～½
- にんにく（すりおろす）…… 少々

B
- 小麦粉 …… 30g
- 水 …… 大さじ4

米油 …… 適量
ミニトマト（半分に切る）…… 2コ

つくり方

❶ ゴーヤーは両端を切り落とし、外側の緑の部分はすりおろす。残った種とワタは1cm幅に切る。

❷ ボウルに①のゴーヤーのすりおろし、**A**を入れてよく混ぜ、ソースをつくる。

❸ ①のゴーヤーの種とワタに小麦粉適量（分量外）をまぶす。ザッと溶いた**B**にくぐらせ、170℃に熱した米油で揚げる。表面が固まってきたら、菜箸で上下を返しながら2～3分間カリッとするまで揚げてバットにとり、塩少々（分量外）をふる。稚あゆも同様に揚げる。

❹ 鍋に湯を沸かし、冷凍うどんを入れて袋の表示どおりにゆで、ざるに上げて湯をきる。冷水で冷やしてざるに上げ、水けをしっかりきる。

❺ ②のソースに④のうどんを入れてよくあえ、器に盛る。③の天ぷら、ミニトマトをのせる。

合わせるのは

◎フランス産白ワイン
パトリモニオ・カルコ・ブラン（アントワーヌ・アレナ）
コルシカ島パトリモニオの品種ヴェルメンティーノを使ったワイン。カモミールのような香りと甘みが、苦みをやわらかく包み込む。

若さまの金言

小あゆとゴーヤーの
ダブルの苦みには、
華やかな香りの
コルシカ産の白を。

ゴーヤーとあゆの苦みコンビは
油とからめることで、
爽やかなうまみに。
ゴーヤーの果肉は
すりおろしてソースに、
ワタの部分は揚げれば、
ゴーヤーを丸ごと味わえる。

紅芯大根を手まり寿司に。
大根の甘酢漬けの酸味と
甘えびのうまみがよく合う。

紅芯(こうしん)大根のお寿司

合わせるのは

◎フランス産赤ワイン

コート・ド・ボーヌ　ルージュ　ジョゼフ・ドルーアン

ブルゴーニュ・ボーヌ産のピノ・ノワール100％。ブルゴーニュのピノ・ノワールには大根のようなニュアンスがあり、酸味もあるのでおすしにマッチ。

若さまの金言

ブルゴーニュの
ワイナリーは
小さな家族経営が多く、
ワイナリーごとの違いも
楽しめる

材料（2人分）

紅芯大根の甘酢漬け*
- 紅芯大根……½コ（正味150g）
- 塩……小さじ½
- 甘酢
  - 米酢・砂糖……各大さじ1
  - 塩……小さじ¼

ご飯（温かいもの）……茶碗1杯分（150g）

すし酢
- 米酢……大さじ1
- 砂糖……大さじ½
- 塩……小さじ½

甘えび（刺身用／殻と頭を外したもの）……4尾

三つ葉の茎（ゆでる）……少々

＊紅芯大根の甘酢漬けはつくりやすい分量。冷蔵庫で2週間保存可能。

つくり方

❶　紅芯大根は皮をむいて薄切りにし、塩をもみ込んで約10分間おく。出てきた水けをきり、合わせた甘酢に一晩漬ける。

❷　すし酢の材料を混ぜ合わせてご飯にふり、全体を混ぜる。

❸　②を4等分にして小さく握り、甘えび1尾をのせる。①の紅芯大根の甘酢漬け1枚を覆うようにのせ、三つ葉の茎で巻く。残りも同様につくる。

若さまが教える　お酒をもっとおいしく味わう方法1

ワインは体感温度で選ぶ

あてとの幸福な時間を過ごすためのワイン選びは、失敗を避けたいもの。いかなるワインを選ぶかにあたっては、カテゴリー、予算、味の構成など多方向からのアプローチがある、と若林は語る。「さらには、店でお客様にワインを提案するときは、いつ、どこで、誰と、などの5W1Hを意識することも欠かせません」

ワインという酒の奥深さと相まって、手掛かりにする要素の多さに少々腰が引けてしまうが、そこはさすがに酒とあての媒酌人。ワインにそれほど造詣が深くなくとも、そのときそのあてにピタリとはまるワイン選びのヒントを教えてくれた。

「**普段、僕は本能優先であてとワインに向き合っています。殊に大切にしているのは、体感温度ですね。**ワインを飲みたいな、と思ったその瞬間に、肌で感じる温度。例えば、ふとしたときに暑いな、寒いな、涼しいな、蒸してるな、などと思うでしょう？　自分のその感覚にあてて、ワインを選んでいくんです。暑い日を例にしてお話ししましょうか。『暑い！』というとき、『ひんやりした冷やし中華を食べてクールダウンしたい！』という場合もあるし、反対に『汗が噴き出るような辛いカレーを食べて暑さに勝ちたい！』という場合もある。暑さを避けて涼みたいから山や高原に行きたい、暑さを満喫したいから海に行きたい、この2パターンがあるのと同じですね。この感覚の延長線上にワインをおくんです。冷えたもの、涼しげなものを欲するなら、酸味や軽やかさ、キレがあるワインがおいしく感じられます。逆に、暑いからこそしっかりしたものを食べてパワーが欲しい場合は、酸味がネガティブに感じられるはず。赤ワインを飲みたいなら、イタリアやスペインなど温暖地の、太陽が降り注ぐような環境で育まれたワインがおすすめです。こういったワインはスパイシーなカレーなどとも相性がいいですよ」

ただし、体感温度は人それぞれで、同じ25℃でも感覚はかなり異なるそうだ。しかも、温度や湿度は日々変化する。だから、「**今このとき、こんな気候だから、何を飲みたいか？**」と連想し、ワインを選ぶ習慣を身につけていくと役立つという。

「こんな気候のこんな時刻に何を食べて何を飲んだか。それがおいしかったかどうか。常に意識していると、そうしたデータが自然と蓄積され、思い出として残ります。もし、そのときに選んだワインが合わなかったとしても、次回同じような温度や湿度でワインを選ぶ際に、その経験を生かすこともできますよ」

一年通してわが家で酒を常備する

さて。極上のあてをいざ楽しまんというそのときに、酒が見当たらず呆然。そんな悲しい状況にならぬよう、わが家にもこれぞという酒を常に用意しておきたいものである。とはいえ、飲食店のようにさまざまな酒をストックするのは、難しい話だ。

「ワインセラーがあるご家庭は少ないはず。それを前提にお話ししましょう。**夏は、なんといっても、どんな環境でも劣化しにくい、ウイスキー、ジン、焼酎などのハードリカーがおすすめです。**最近の日本の夏は酷暑続き。そんな環境にワインを置いてもいいことはありません。でも、ハードリカーと冷やした炭酸水があれば、夏ならではの喉の渇きもいやし、水分の補給もしっかりできます」

若林が伝授する、おいしいハイボールやレモンサワーがどなたでもつくれる方法はこうだ。**①グラスに氷を入れ、アイシングする ②溶けた水をきる ③ハードリカーを注ぐ ④冷やした炭酸水を注ぐ。**

「塩漬けして凍らせたレモン（15ページ「洋風漬け冷やっこと…」）をプラスすれば、塩味の補給にもなりますよ。さらには、もしスペースがあれば、ハードリカーをボトルごと冷凍庫へ。**冷やしたグラスに冷水を入れ、そこにちょっとトロリとするくらいに凍ったハードリカーを静かに上面に注ぐと、フロート状態になるんです**（例：ウイスキーフロートなど）。ちなみに僕はサントリーの〝角〟をこうして楽しんでいますが、角の味わいが甘くなります」

これはなんとも魅力的だ。

「そして、**温度が下がってきて冬になったら、ぜひワインを。**寒い時期はワインセラーがなくても大丈夫。ふだん飲みのワインなら、自宅内の比較的温度が低い場所に保管できますし、白ワインもそのままの温度で楽しめます。どんな料理にも合わせやすいスペインのスパークリングワイン・カヴァを玄関に半ダース置いておくと、何かと心強い。**ワインは、冬に食べたくなる、複雑でボリューミーな味の料理や香りが強い料理ととても合うんです**」

若さま激推し！安うまワイン

［赤］

コート・デュ・ローヌ・ヴィラージュ・ヴィザン（ドメーヌ・ド・ラ・バスティード）

香りはザクロやリコリスなどスパイス系。しっかりとした果実味、やわらかい酸味と渋味が口中に溶け、うまみがしっかりと続く、満足度抜群の赤。

［白］

グリド甲州（グレイスワイン）

フレッシュで白い花や果実の香り。果実味と酸味がやさしく、のど越しがよい。余韻にある苦味が心地よく、天ぷら、おすしに最適な国産白ワイン。

［ロゼ］

タヴェル ロゼ ボールヴォワール（ミシェル・シャプティエ）

きれいなピンクが可愛らしい色合いで、バラやスパイスの香り。味わいは果実味があり酸味は穏やか、程よい渋味がアクセント。中華によく合う。

［発泡］

カヴァ フレシネ コルドン・ネグロ（フレシネ）

フルーティーで爽やかな香り。ドライでのど越しがよくアフターにミネラル感がある。飲み飽きせず、野菜や魚介類によく合う重宝な泡。

第3章　肉のあて

コンビーフの脂と
ラスクの甘みが溶け合う、
魅惑の味わい。

コンビーフラスク

材料（2人分）

コンビーフ（缶詰）……60g
シュガーラスク（市販品）……4枚
黒こしょう（粒／つぶす）……少々
セルフィーユ（生）……適宜

つくり方

コンビーフをほぐしてラスクにのせ、器に盛る。黒こしょうをふり、あればセルフィーユをのせる。

合わせるのは

◎カリフォルニア産赤ワイン
マイケル・デイヴィッド 2016
フリークショー　カベルネ・ソーヴィニヨン
華やかですっきりした風味が、コンビーフの脂を爽やかに流す。

たくあんと牛すじのごちそう煮

材料（2人分）

たくあん（よく漬かった酸っぱいもの）…… 1本（150g）
牛すじ肉 …… 200g

A
- 水 …… カップ2½
- 酒 …… 大さじ2
- 煮干し（頭とワタを除く）…… 5〜6尾
- 赤とうがらし …… 1本

B
- しょうゆ …… 大さじ2
- 砂糖 …… 大さじ1

青ねぎ（小口切り）…… 少々
溶きがらし …… 適宜

つくり方

❶ たくあんは1cm幅に切って水につけ、1日おく（途中で水を2〜3回替える）。

❷ 鍋に湯を沸かし、牛すじ肉を入れて下ゆでする。ざるに上げて水けをきり、堅すぎる部分や余分な脂を除いて食べやすく切る。

❸ 鍋に水けをきった①のたくあん、②の牛すじ肉、**A**を入れてふたをし、中火で約30分間煮る。

❹ 牛すじ肉が柔らかくなったら**B**を加え、さらにコトコトと約30分間煮る。器に盛って青ねぎを散らし、好みで溶きがらしを添える。

合わせるのは

◎フランス・ブルゴーニュ産スパークリング赤ワイン
マニフェスト　ブルゴーニュ・ムスー
ピノ・ノワール100％の発泡赤。ピノ・ノワールのもつ根菜の香り、熟成した酸味がたくあんに合い、発泡と渋みが脂を流す。

若さまの金言

赤いスパークリングで、
牛すじとたくあんが
超贅沢（ぜいたく）な味に

煮込んだたくあんの、
柔らかく深い味わいが
牛すじと相性抜群。

時短・ビーフストロガノフ

材料（2人分）

牛肉（焼き肉用）…… 100g
たまねぎ（薄切り）…… ¼コ（50g）
食パン（10枚切り）…… 2枚

A
水 …… カップ½
鶏がらスープ（顆粒／中華風）…… 小さじ1

B
中濃ソース…… 大さじ3
生クリーム…… 大さじ2
トマトケチャップ…… 小さじ1
黒こしょう（粗びき）…… 少々

バター …… 10g
レモン汁 …… 小さじ½
塩・こしょう …… 各少々
小麦粉 …… 適量
レモンの皮（すりおろす）・パセリ（みじん切り）…… 各少々

つくり方

❶　牛肉は1cm幅に切って塩・こしょうをふる。焼く直前に小麦粉を薄くまぶす。

❷　フライパンにバターを入れて中火にかけ、たまねぎを加えて炒める。たまねぎが透き通ってきたら、①の牛肉を入れて炒める。牛肉の色が変わったら、**A**を加えて煮る。

❸　食パンは3等分に切ってこんがりと焼く。

❹　たまねぎが柔らかくなったら、**B**を加える。フツフツと煮てとろみが出てきたら、レモン汁を回し入れて火を止める。器に盛り、レモンの皮、パセリを散らし、③の食パンを添える。

合わせるのは

◎ニュージーランド産白ワイン

マヒ ツインヴァレーズ シャルドネ

シャルドネのまろやかさが、ビーフストロガノフのクリーミーさにマッチ。それでいて濃い味わいをスッと流す。

しょうゆの代わりに塩を効かせた、
あてになるすき焼き。
パクチーやレモンで南国の風を。

パクチー塩すき焼き

材料（2人分）

牛ロース肉（すき焼き用）…… 150g
パクチー（3cm長さに切る）…… 2〜3株

A
- 酒 …… 60〜70ml
- 塩 …… 小さじ¼
- にんにく（すりおろす）…… 少々

レモン（くし形切り）…… 適量

つくり方

❶ フライパン（スキレット）に**A**を入れて中火にかけ、沸いたら牛肉を広げながら入れる。

❷ 菜箸で牛肉の上下を返しながら火を通し、パクチーとレモンを添える。食べるときに、レモンを搾る。好みでナムプラー少々（分量外）をかけても。

合わせるのは

◎スペイン産シェリー酒
コロシア アモンティリャード
アンダルシアの熟成させたシェリー酒。塩味に抜群に合い、リッチな深みが、パクチーの香りを広げる。

若さまの金言

エスニックな香りには、
熟成した
辛口シェリーが◎

弱火でじっくりと加熱すれば、
赤身肉のうまみと
柔らかさが最大限味わえる。

大原流ステーキ

材料（2人分）

牛フィレ肉（赤身のもの／3cm厚さ）…… 400g
塩（あればフルール・ド・セル）・粒マスタード …… 各少々
クレソン …… 適宜

つくり方

❶ 牛肉は常温に戻しておく。

❷ 表面加工のしてあるフライパンをごくごく弱火にかけ、油をひかずに①の牛肉を入れる。時々返しながら15〜20分間じっくりロゼになるように焼く。

❸ 焼けたら火を止め、そのまま約5分間おく。薄くスライスして器に盛り、塩、粒マスタードを添える。あればクレソンも添える。

合わせるのは

◎カリフォルニア産白ワイン

マイケル・デイヴィッド2016　シャルドネ

「肉には赤」を打ち破る。樽熟成したシャルドネは赤身肉に抜群に合う。口の広いワイングラスで果実味の強い香りを楽しんで。

若さまの金言

脂の多い牛肉には
赤ワイン、
赤身の肉には白ワイン

中華スパイス肉じゃが

材料（3～4人分）

牛こま切れ肉 …… 100g
たまねぎ ……（大）1コ（300g）
にんじん …… ½本（80g）
じゃがいも …… 2コ（260g）
さやいんげん（4cm長さに切る）…… 4本

A
酒 …… 大さじ2
五香粉 …… 小さじ½
塩 …… 2つまみ

B
オイスターソース …… 大さじ2
八角 …… 3～4コ
花椒（粒）…… 大さじ½

五香粉 …… 適宜

つくり方

❶ たまねぎは1cm幅のくし形切りにする。にんじんは乱切りにする。じゃがいもは4等分に切る。牛肉は食べやすい大きさに切る。

❷ 鍋に①の牛肉、**A**を入れて中火で炒める。牛肉の色が変わったら①のたまねぎを加えて軽く炒め、ふたをして弱めの中火で約5分間煮る。たまねぎがしんなりしたら、①のにんじんとじゃがいも、**B**を加え、ふたをして煮る。全体が煮えたら、さやいんげんを加えてさらに2～3分間煮る。味をみて足りなければ、しょうゆ適量（分量外）で味を調え、ザッと混ぜて火を止める。器に盛り、好みで五香粉少々をふる。

合わせるのは

◎スペイン産赤ワイン
シャンレド2015 ビネドス・デ・ガビアン
ブランセリャオという希少な品種を使ったガリシアのワインで、軽やかな酸味が特徴。酸味がスパイスに合い、じゃがいもの甘みも引き立てる。

おかずの大定番肉じゃが。
こっくり味にスパイスを加えれば、
たちまちお酒に合う一品に。

牛こまのうまみ
たっぷりスープ。
トマトとレタスで
さっぱりといただく。

よだれ鶏ならぬよだれ牛。
牛のしっかりしたうまみには、
付け合わせは
アボカドがおすすめ。

牛こまとトマトのスープ

材料（2人分）

牛こま切れ肉（食べやすい大きさに切る）…… 60g
トマト（食べやすい大きさに切る）…… 1コ（200g）
レタス（食べやすくちぎる）…… 1〜2枚
A 塩 …… 小さじ¼
　こしょう …… 少々
うす口しょうゆ …… 小さじ1

つくり方

❶ 牛肉は鍋に入れ、うす口しょうゆをまぶしつけて中火にかけ、いりつける。

❷ 牛肉の色が変わってきたら水カップ2を入れ、煮立ったらアクを除き、トマトを加える。再度煮立ち、トマトの皮がめくれてきたら皮を菜箸で除く。**A**で味を調え、レタスを加えてすぐに火を止める。

合わせるのは

◎石川県産日本酒

奥能登の白菊　特別純米酒

米のうまみの強い日本酒。サラッと爽やかなスープに、とろみとうまみのある日本酒がマッチ。

若さまの金言

スープに合わせるときは、
口の中が
水っぽくならないように

よだれ牛

材料（2人分）

牛フィレ肉（塊）…… 100g
A しょうゆ …… 大さじ1
　砂糖・ごま油 …… 各大さじ½
　豆板醤 …… 小さじ½
　にんにく（すりおろす）…… 少々
白ごま …… 大さじ3
アボカド（種を除いて皮をむく）…… ½コ
青ねぎ（小口切り）…… 適量
粉とうがらし …… 適宜

つくり方

❶ **A**を混ぜ合わせる。

❷ フライパンに白ごまを入れて炒り、香ばしい匂いがしたらすり鉢でする。

❸ 牛肉は6〜7㎜幅に切り、熱湯でサッとゆでてざるに上げ、水けをきる。

❹ 器に食べやすい厚さにスライスしたアボカド、③の牛肉を盛る。②のごまをふって①をかけ、青ねぎをのせる。好みで粉とうがらしをふる。

合わせるのは

◎栃木県産日本酒（生もと、無濾過原酒）

クラシック仙禽 亀ノ尾

甘酸っぱさと華やかな香りが特徴。よだれ牛のパワフルな味わいにやさしく寄り添い、肉の甘みを引き上げる。

豚の甘みが引き立つ、
カリカリわらじカツ。
若き日の大原は一枚のわらじカツで、
何時間も呑んだとか……。

わらじカツ

材料（1〜2人分）

豚肩ロース肉（豚カツ用）…… 1枚（約150g）
小麦粉・パン粉（細目）…… 各適量
溶き卵 …… 1コ分
塩・こしょう …… 各少々
米油 …… 適量
ルッコラ・レモン …… 各適量

つくり方

❶ 豚肉は筋を切り、ラップで包んですりこ木でたたいて薄くのばす。両面に塩・こしょうをふり、小麦粉、溶き卵、パン粉の順に衣をつける。

❷ フライパンに米油を約1cm深さまで入れて、中火にかける。160℃になったら、①の豚肉を入れる。表面が固まってきたら、菜箸で上下を返しながら3〜4分間じっくり揚げる。温度をゆっくりと170℃まで上げて全体が色よくカリッとしたら取り出し、約1分間休ませる。

❸ ②の豚肉を器に盛り、ルッコラとレモンを添える。好みで塩少々（分量外）を添えても。

合わせるのは

◎ 芋焼酎オンザロック

茜霧島

タマアカネという芋を使った、フルーティーな焼酎。赤ワインビネガー（または熟成した黒酢）数滴をたらしても◎。酸味が豚の甘みを引き上げる。

若さまの金言

ビネガーを足せば、
芋の味わいも
さらに深まる

豚のロースト・温玉のりソース

材料（2人分）

豚肩ロース肉（豚カツ用）…… 2枚
温泉卵（市販）…… 2コ
生青のり*…… 50g
A ｜オリーブ油…… 大さじ1
　｜にんにく（すりおろす）…… 少々
塩・こしょう …… 各少々
黒こしょう（粗びき）…… 適宜

*手に入らない場合は、乾燥あおさのり（5g）を、たっぷりの水に1〜2分間つけて手でやさしく揺すって洗い、ざるに上げて水けを絞ってから、材料のAと塩1つまみを加えて混ぜるとよい。

つくり方

❶ ボウルに青のり、Aを入れて混ぜ合わせる。

❷ 豚肉は筋切りをして、塩・こしょうをふる。表面加工のしてあるフライパンを中火で熱して豚肉を入れ、ふたをして焼く。豚肉全体が白くなって8割方火が通ったら、上下を返して再度ふたをして焼く。豚肉に火が通ったら火を止め、食べやすく切って器に盛る。温泉卵を添えて①をのせ、好みで黒こしょうをふる。卵とのりをからめながら食べる。

合わせるのは

◎ギリシャ産白ワイン
サントリーニ ナチュラルファーメント
海風の強いサントリーニ島の白ワイン。豚肉の繊細な甘みには白が合い、この銘柄の力強い味わいが、濃厚なソースを包み込む。

若さまの金言

豚肉には白ワイン、
濃厚ソースには
サントリーニ島のワインを

豚ローストの香ばしさに、
のりと温玉のソースが
風味豊かにからむ。

ふんわりとあたたかくて
やわらかな豆腐と
ごまみそが
豊かなハーモニーを奏でる。

簡単豚バラロールキャベツ

材料（2人分）

豚バラ肉（薄切り／3〜4等分に切る）…… 3〜4枚
キャベツの葉（芯を除いて2〜3等分に切る）…… 3〜4枚
絹ごし豆腐（1cm幅に切る）…… ⅓丁（100g）
ごまみそ
- みそ・すりごま（白）…… 各大さじ1
- ごま油 …… 大さじ½
- 水 …… 少々

つくり方

❶ ごまみその材料を混ぜ合わせる。

❷ 豚肉は表面加工のしてあるフライパンに並べ入れて中火にかける。途中上下を返し、カリッと焼けたら紙タオルの上に取り出し、余分な脂を吸わせる。

❸ キャベツは熱湯でゆでてざるに上げ、水けをきる。同じ湯に豆腐をそっと入れ、約2分間ゆでて取り出し、水けをきる。

❹ ③のキャベツに、②の豚肉と③の豆腐各適量、①のごまみそ少々をのせて巻く。

合わせるのは

◎京都産クラフトジンのソーダ割り

「季の美」をソーダで割り、グラスの縁に塩をつけ、トマトスライスと木の芽を浮かべる。玉露や山椒など、和の香りをまとったクラフトジンがキャベツのやさしい甘みを引き立てる。

豚バラの脂と
ピリッと辛い
谷中しょうがが
好相性。
これはお酒が
止まらない。

谷中しょうがの豚バラ巻き

材料（6本分）

谷中しょうが（葉しょうが）……　2株
豚バラ肉（薄切り）……　3枚
塩……適量
レモン・花椒塩……各適量

つくり方

❶　谷中しょうがは葉を10～15㎝ほど残して切り落とし、根のつながっている部分を3等分に切り離して汚れを落とす。豚肉の長さを半分に切って巻きつけ、塩をふる。

❷　表面加工のしてあるフライパンに①の巻き終わりを下にして並べ入れ、中火にかけてふたをする。全体が白っぽくなりこんがりと焦げ目がつくまで動かさずに焼く。上下を返してもう片面もこんがりと焼いて火を通す。器に盛り、レモンと花椒塩を添える。

合わせるのは

◎大分県産麦焼酎・塩レモンサワー

「吉四六」に15ページのレモンの塩漬けの果肉と漬け汁、ソーダを加えて混ぜる。レモンとしょうがは爽やかな香りで相性抜群。サワーが豚バラの脂を流し、さらに酒をすすめる。

皮なしシウマイ

材料（2人分／6コ分）

豚ひき肉 …… 80g
たまねぎ（粗みじん切り）…… 100g
パセリ（みじん切り）…… 5g
片栗粉 …… 大さじ1½
ごま油 …… 小さじ1
塩 …… 2つまみ
こしょう（粗びき）…… 少々
バルサミコ酢 …… 少々

つくり方

❶ ボウルにバルサミコ酢以外の材料を入れ、手でよく練る。

❷ ①を6等分して丸め、1コずつラップで包んで耐熱皿にのせる。電子レンジ（600W）に3分間かける。ラップを外して器に盛り、バルサミコ酢を添える。

合わせるのは

◎イタリア産赤ワイン
テロルデゴ・モレイ・アンフォラ

トレンティーノ地方、テロルデゴ種100％の赤を口の広いワイングラスで。たまねぎが赤ワインのタンニンをやわらげ、シウマイのうまみを引き上げる。

若さまの金言

たまねぎには
北イタリアの
軽やかな赤が抜群

大原流レバニラ

材料（2人分）

豚レバー …… 100g
にら（4cm長さに切る）…… 1/2ワ（50g）

A
- ごま油・うす口しょうゆ …… 各小さじ1
- こしょう・にんにく（すりおろす）・しょうが（すりおろす）…… 各少々

ごま油 …… 大さじ1 1/3
片栗粉 …… 大さじ2
しょうゆ …… 小さじ1
塩 …… 少々
青ねぎ（小口切り）…… 適量
からし酢
- 米酢 …… 大さじ1
- 溶きがらし …… 小さじ1

つくり方

❶ 豚レバーは食べやすい大きさに切って血を洗い流し、たっぷりの水に約20分間つける。ざるに上げて水けをきり、紙タオルを敷いたバットに取り出して水けを除く。ボウルに**A**とともに入れて混ぜ、約5分間おく。

❷ フライパンにごま油大さじ1を入れて中火にかけ、①に片栗粉を混ぜて並べ入れる。途中で上下を返し、こんがりと焼き色がついて火が通ったら、しょうゆを回し入れ、バットに取り出す。

❸ 空いたフライパンに残りのごま油を足し、にらを入れて炒め、塩で味を調える。

❹ 器に②、③を盛り、青ねぎをのせる。からし酢の材料を混ぜ合わせてかける。

合わせるのは

◎カリフォルニア産赤ワイン

マイケル・デイヴィッド“セブン・デッドリー・ジンズ” オールドヴァイン ジンファンデル ロダイ

ベリーの香りが強く、力強いワイン。レバーのクセを抑えて、うまみを引き上げ、からし酢にも合う。

レバーとにらは別の味つけで
それぞれ炒めることで
すっきりとした味わいに。

チーズハンバーグ

材料（2人分／約6コ分）

肉ダネ

A
- パン粉・牛乳・プレーンヨーグルト（無糖）……各40g
- にんにく（すりおろす）……少々
- 塩……3g

B
- 豚ひき肉……400g
- たまねぎ（粗みじん切り）……1コ分弱（180g）
- 卵……1コ

シュレッドチーズ（溶けるタイプ）……適量
実ざんしょう（水煮）……大さじ2

つくり方

❶ ボウルにAを入れて混ぜ、Bを加えてよく練り、実ざんしょうを加えてよく混ぜる。

❷ 表面加工のしてあるフライパンに①を一口大に丸めて並べ入れて中火にかけ、ふたをして焼く。全体が白くなって8割方火が通ったら、上下を返して再度ふたをして焼く。

❸ 完全に火が通ったら、シュレッドチーズ、実ざんしょう適量（分量外）を入れてふたをし、チーズが溶けたら完成。

合わせるのは

◎フランス・アルザス産白ワイン
ファミーユ・ヒューゲル クラシック

リースリング種の爽やかな酸味が、豚肉の脂にベストマッチ。さらにスパイシーな風味が実ざんしょうとも好相性。

若さまの金言

豚に真珠ならぬ、
豚にリースリング

みんな大好きチーズハンバーグ
実ざんしょうを加えれば、
一気にお酒に合う一品に。

生ハムしゃぶしゃぶ

生ハムをだしで
しゃぶしゃぶすれば、
生ハムの塩気と脂が
ほどよいまろやかさに。

材料（1〜2人分）

生ハム（食べやすい大きさに切る）…… 適量

A
- だし …… カップ$\frac{1}{2}$
- うす口しょうゆ …… 小さじ$\frac{1}{2}$

すだち（横半分に切って種を除く）…… 適量

つくり方

耐熱容器に**A**を入れてラップをふんわりとかけ、電子レンジ（600W）に１分間かけてエッグベーカー（目玉焼きサイズの土鍋）に移す。すだちを添える。だしが熱いうちに生ハムをサッとくぐらせて食べる。

合わせるのは

◎イタリア産スパークリングワイン
ロータリ ブリュット

トレンティーノ地方、シャルドネ種の辛口スパークリングが、すっきりとだしに合う。シャンパンではうまみが強すぎて、だしの味を引き出しづらい。

若さまの金言

イタリアの
生ハムには
イタリアンな泡を

ねぎだれでから揚げ

材料（2人分）

鶏もも肉（一口大に切る）…… 1枚（300g）
ねぎだれ
- ねぎ（粗みじん切り）…… 1本分（正味80g）
- ごま油・すりごま（白）…… 各大さじ2
- 米酢 …… 大さじ1
- うす口しょうゆ・レモン汁 …… 各小さじ1
- 塩…… 小さじ½

A ｜塩・こしょう・にんにく（すりおろす）…… 各少々

片栗粉 …… 適量
米油 …… 適量
ねぎの青い部分（せん切り）・
粉とうがらし …… 各少々

つくり方

❶ ねぎだれの材料をボウルに入れて混ぜ合わせ、冷蔵庫で3時間以上おく。

❷ 鶏肉はAを軽くもみ込む。揚げる直前に鶏肉に片栗粉を薄くまぶしつける。

❸ 揚げ鍋に米油を入れて中火で170～180℃に熱し、②を入れる。表面が固まってきたら箸で転がしながら3～4分間揚げて取り出す。約1分間ほど休ませ、再度170～180℃に熱した米油に入れて約30秒間揚げる。

❹ 器に盛り、ねぎだれをかける。あればねぎの青い部分をのせ、粉とうがらしをふる。

合わせるのは

◎スコッチウイスキー水割り

口の広いワイングラスに、「グレンモーレンジィ」1に対して水3で割る。氷は入れない。ワイングラスで呑むと、アルコール臭がやわらぐ。オレンジのような香りが、から揚げの味わいを引き上げる。

みんな大好きから揚げを
絶品ねぎだれで。
ねぎだれはご飯にかけても◎。

手羽先の煮こごり

材料（流し函〈8×12×4cm〉1台分）

鶏手羽先…… 4本（200g）

A
- 水…… カップ$1\frac{1}{2}$
- 酒…… 大さじ2
- うす口しょうゆ…… 大さじ1
- 塩…… 2つまみ
- しょうが（薄切り）…… 5g

みょうが（せん切り）・すだち（薄切り）・溶きがらし
…… 各少々

つくり方

❶ 鍋に手羽先、Aを入れて中火にかける。煮立ったらふたをし、約6分間煮る。粗熱が取れたら骨を外し、身をほぐす。

❷ ほぐした身と煮汁を流し函に入れ、冷蔵庫で冷やす。固まったら、食べやすい大きさに切り分け、みょうが、すだち、溶きがらしを添える。

合わせるのは

◎シードル

キリン・ハードシードルをクラッシュアイス&ミントで

煮こごりの繊細なうまみをシードルの酸味が引き立て、ねっとりとした食感を泡ですっきりと。

鶏皮&新しょうがの串焼き

材料（4本分）

鶏皮 …… 2枚分（60～80g）
ねぎ（白い部分／4cm長さに切る）…… 1～2本
新しょうが（薄切り）…… 4枚
塩 …… 適量
レモン（くし形切り）…… 適量

つくり方

❶ 鶏皮は半分に切る。

❷ 鶏皮1切れにねぎ2切れ、新しょうが1枚をのせて巻き、串に刺す。残りも同様にし、塩をふる。

❸ 表面加工のしてあるフライパンに②の巻き終わりを下にして並べ入れ、中火にかけふたをする。こんがりと焦げ目がつくまで動かさずに焼く。上下を返してもう片面もこんがりと焼いて火を通す。

❹ 器に盛り、レモンを添える。

合わせるのは

◎大分県産麦焼酎・塩レモンサワー

「吉四六」にp.15のレモンの塩漬けの果肉と漬け汁、ソーダを加えて混ぜる（p.63と同じ）。レモンとしょうがの黄金コンビが鶏皮の脂もさっぱりとさせる。

鶏レバーペースト

材料（つくりやすい分量）

鶏レバー …… 120g（正味）
塩水
　水 …… カップ1½
　塩 …… 小さじ1
A
　水 …… カップ2½
　酒 …… 大さじ2
B
　生クリーム …… カップ¼
　バター …… 20g
　塩 …… 小さじ¼
　にんにく …… 少々
パン（好みのもの／食べやすく切って焼く）…… 適量
コーヒー豆（つぶす）…… 少々
ピンクペッパー・タイム（生）…… 各適宜

つくり方

❶ 鶏レバーは筋を除いて一口大に切り、血の塊を洗い流す。塩水に約20分間つけて血抜きをする。

❷ 鍋に**A**を入れて中火にかけ、沸いたら、①の鶏レバーを水けをきって加える。沸騰する直前に火を止め、ふたをして15分間おく。

❸ フードプロセッサーに**B**、汁けをきった②の鶏レバーを入れ、なめらかになるまでかくはんする。器に入れて冷蔵庫で冷やす。

❹ ③にコーヒー豆をふり、好みでピンクペッパーをのせ、タイムを添える。パンとともに盛りつける。

合わせるのは

◎鹿児島県産黒糖焼酎のヨーグルト割り

「朝日25度」にシロップを加え、飲むタイプのヨーグルトで割る。
レバーとあしらいのコーヒー豆の苦みに、黒糖の甘みとヨーグルトがまろやかに調和する。

鶏の皮が余ったら
ぜひつくってほしい一品。
ねぎとしょうがを
鶏皮の脂の甘みが包み込む。

生クリームとバターを加えて、
クリーミーなペーストにすることで、
レバーのクセをうまみに変える。

京都スパイスのタンドリー串焼き

材料（2人分）

鶏もも肉（一口大に切る）…… 1枚（300g）

A
- 原了郭スパイス*（豆袋／ゆず辛・粉山椒・黒七味）…… 各2袋
- 塩 …… 小さじ½
- にんにく（すりおろす）・しょうが（すりおろす）…… 各小さじ¼

すだち（横半分に切って種を除く）…… 1コ
粉とうがらし …… 適宜

＊手に入らない場合は、粉ざんしょう・七味とうがらし各小さじ¼で代用する。

つくり方

❶ 鶏肉は**A**とともにポリ袋に入れ、袋の外から手でもむ。空気を抜きながら袋の口をしばり、冷蔵庫で一晩おく。

❷ ①の鶏肉を串に刺し、表面加工のしてあるフライパンに並べ入れる。中火にかけてふたをし、3分間焼く。こんがりと焼けたら上下を返し、再度ふたをして火が通るまで約2分間焼く。

❸ 器に盛ってすだちを添える。好みで粉とうがらしを添える。

合わせるのは

◎ウイスキー・バーボンソーダ
ワイルドターキー8年

この銘柄はウイスキーの中でも、香ばしさが強く、串焼きのスパイスの強い香りと張り合ってくれる。

鶏ももを
京都スパイスが彩る。
漬け込むことで
鶏肉がおどろきの
柔らかさに。

しっかりとした
甘辛味の鶏すき。
にんじん、ねぎも
いっそうおいしく味わえる。

鶏すき

材料（2人分）

鶏もも肉 …… 1枚（250g）
にんじん（せん切り）…… 1本（150g）
青ねぎ（1cm幅の斜め切り）…… 2〜3本
米油 …… 大さじ½
きび砂糖 …… 大さじ1
うす口しょうゆ …… 大さじ2
粉ざんしょう …… 少々

つくり方

❶ 鶏肉は一口大のそぎ切りにする。

❷ 鉄鍋に米油を入れ、中火にかけて熱し、①の鶏肉を入れる。きび砂糖、うす口しょうゆを加え、時々菜箸で上下を返しながら、鶏肉に8割方火を通す。にんじん、青ねぎを加え、混ぜながらしんなりとするまで煮る。仕上げに粉ざんしょうをふる。

合わせるのは

◎芋焼酎のごぼう茶ロック

「薩州 赤兎馬」にごぼう茶のティーバッグを1時間漬け込んだものをロックで。甘辛味に芋焼酎の力強い味わいがマッチ。ごぼうの香りも合わせれば、味わいはさらに広がる。

若さまの金言

甘辛い鶏すきをにんじん、
芋、ごぼうの
土の香りで囲い込む

鴨とオレンジを取り合わせた、
大人味のすき焼き。

鴨すき

材料（2人分）

合鴨ロース肉（薄切り）…… 約200g
オレンジ …… 1コ
せり（3cm長さに切る）…… ½ワ
しょうが（せん切り）…… 5g
米油 …… 小さじ1
A はちみつ …… 大さじ1〜2
　 しょうゆ …… 大さじ2〜3
黒こしょう（粒／つぶす）…… 適宜

つくり方

❶ オレンジは皮と薄皮をむき、一口大の乱切りにする。

❷ 鉄鍋に米油を入れて中火にかけ、鴨肉、しょうがを入れて肉の両面を焼きつける。肉の色が変わったら、**A**を入れてからめ、①のオレンジを加えて炒める。オレンジが温まってきたら、せりも加えて、しんなりしたら完成。好みで黒こしょうをふる。

合わせるのは

◎ウイスキー・ハイボール

氷を入れたグラスに「グレン・モーレンジィ」を注ぎ、ソーダで割る。鴨にグレン・モーレンジィのオレンジの香りを合わせるマリアージュ。ストレートでは味わいが強すぎるので、ハイボールにして甘みも立たせる。

若さまの金言

鴨肉には
ソースも酒も
オレンジがよく合う

合鴨のスモークとチーズ……
おつまみの定番コンビを
グラタンにすれば、
さらなる極上のあてに。

おつまみグラタン

材料（2人分）

合鴨スモーク（市販／5㎜厚さに切る）…… 6切れ
じゃがいも（一口大に切る）…… 2コ（200g）
A 水 …… カップ1½
　塩 …… 小さじ¼
シュレッドチーズ（溶けるタイプ）…… 適量
レモンの皮（すりおろす）…… 少々

つくり方

❶ 小鍋にじゃがいも、Aを入れて、ふたを少しずらして中火にかける。じゃがいもがほっくりと柔らかくなるまで煮て、水けが残っていたら軽くきる。

❷ 耐熱皿に①のじゃがいもを入れ、鴨肉をのせ、シュレッドチーズをかける。オーブントースターで2〜3分間、チーズがこんがりと焼けてトロリとなるまで焼く。取り出し、あればレモンの皮をふる。

合わせるのは

◎ビール ハーフ&ハーフ

「ハートランド」と「ギネス・エクストラスタウト」を1対1で。じゃがいもと国産ビールの鉄板コンビ。そこに合鴨スモークの香りと黒ビールのいぶした香りがからみ合う。

若さまの金言

じゃがいもには黄色いビール、
合鴨スモークには黒ビール。
そこでハーフ&ハーフ

ジンギスカン

家庭でも気軽につくれるジンギスカン。
寺製ダレが味の決め手。

材料（2人分）

ラム肩ロース肉（ジンギスカン用）…… 200g
キャベツ（ザク切り）…… 180g
たまねぎ（7mm幅のくし形切り）…… 50g
ピーマン*（乱切り）…… 計1〜2コ
もやし …… ½袋（正味80g）
たれ
| しょうゆ …… 50ml／砂糖 …… 20g
| コチュジャン …… 大さじ1
| にんにく（すりおろす）…… 小さじ1
A | 塩・こしょう・にんにく（すりおろす）…… 各少々
ごま油 …… 小さじ2
花椒塩 …… 適宜

＊ピーマンはあれば赤ピーマンを混ぜても。

つくり方

① たれの材料をよく混ぜておく。

② ラム肉は**A**で下味をつけておく。

③ フライパンにごま油を入れて中火にかける。②のラム肉を広げ入れて両面をサッと焼きつけて取り出す。

④ ③のフライパンに野菜類を入れて炒める。焦げつきそうになったら水少々を入れる。野菜がしんなりとしてきたら、③のラム肉をのせる。①のたれにつけながらいただく。あれば花椒塩をふっても。

合わせるのは

◎オーストラリア産赤ワイン　**ケープメンテル・シラーズ**

甘辛味に対抗できる、果実の味わいがしっかりしたワイン。ラム独特の後味を、ベリー感が包み込む。

ラムしゃぶ

ラムとごま酢のたれが好相性。
実ざんしょう、しそが
味のアクセントに。

材料（2人分）

ラムもも肉（しゃぶしゃぶ用）…… 200g
たれ
　練りごま（白）…… 50g
　米酢 …… 大さじ1½
　砂糖・しょうゆ・実ざんしょう（水煮／粗く刻む）
　　…… 各大さじ1
　にんにく（すりおろす）…… 少々
青じそ（せん切り）・紫たまねぎ（薄切り）
　…… 各適量

つくり方

❶ たれの材料を混ぜ合わせる。

❷ 鍋に湯を沸かし、ラム肉をくぐらせて火を通し、青じそ、紫たまねぎとともに器に盛る。①のたれを添える。

合わせるのは

◎奈良県産日本酒

風の森　純米酒　山田錦
しぼり華　生酒

フルーティーな生酒をワイングラスで。羊のうまみを引き上げ、奈良の硬水のミネラル感と薬味の風味がマッチする。

ラム餃子

材料（小30コ分）

ラムロース肉（薄切り）…… 200g

A
- パクチー（粗みじん切り）…… 2株分
- にんにく（すりおろす）…… 1片分
- 長芋（すりおろす）…… 大さじ1
- オイスターソース・ごま油 …… 各小さじ2
- 花椒塩・ナムプラー …… 各小さじ½

餃子の皮（大判）…… 15枚

トマトだれ
- トマト（すりおろす）…… 大さじ2
- うす口しょうゆ・レモン汁 …… 各小さじ1
- ラー油 …… 少々

ごま油 …… 大さじ1

パクチー …… 少々

つくり方

❶ トマトだれの材料を混ぜ合わせる。

❷ ラム肉は包丁で細かく切ってミンチ状にし、ボウルに入れ、Aを加えてよく練る。半分に切ったギョーザの皮で30コ包む。

❸ フライパンにごま油小さじ１を入れて中火にかけ、②を並べ入れて焼く。焼き色がついてきたら水大さじ２を加えてふたをし、２〜３分間蒸し焼きにする。水分がほとんどなくなったらふたを外して残った水分をとばし、ごま油小さじ２を回し入れ、全体がカリッと焼けたら器に盛る。①のトマトだれを添え、パクチーを添える。

＊焼き上がりに多めの油を回し入れると、餃子同士がくっつかない。

合わせるのは

◎ラム酒のレモンサワー

「バカルディ・スペリオール・ホワイト」に凍らせたスライスレモンを加え、ソーダで割る。レモングラスを添え、かじりながら飲む。
ラム肉にラム酒！ ラム酒とレモンの香りが、ラム肉の甘みを引き出す。

小ぶりに包んで、おつまみ餃子に。
ラムの味わいに爽やかな
トマトのつけだれがマッチ。

子ども大好き
ソーセージドッグがあてに。
衣にパクチーを混ぜ込むことで、
お酒に合う味わいに。

モンゴリアンドッグ

材料（2人分）

ラムソーセージ
（なければ、好みのウインナーソーセージでよい／
食べやすい長さに切る）…… 2本（120g）
ホットケーキミックス（市販）…… 50g
A パクチー（みじん切り）…… 1株分
　にんにく（すりおろす）…… 少々
米油 …… 適量
ライム（搾りやすく切る）…… 適量

つくり方

❶ ボウルにホットケーキミックスを入れ、水40〜50mlを加減しながら加え、もったりとした状態になるように混ぜる。**A**を加えて混ぜる。

❷ ソーセージに①をたっぷりとからめ、160℃に熱した米油に入れる。表面が固まってきたら、菜箸で転がしながら約3分間揚げる。串を刺して器に盛り、ライムを添える。

合わせるのは

◎オーストラリア産スパークリングワイン
ジェイコブス・クリーク・シャルドネ・ピノ・ノワール
キリッとフレッシュな味わいで、ラムやパクチーの香りを邪魔せず、やさしく包み込む。

若さまの金言

羊とパクチーのからみ合いに、
おおらかな
オーストラリア産の泡を

若さまが教える

お酒をもっとおいしく味わう方法2

わが家で日本酒を嗜むなら

原材料は米と水、とシンプル極まりなく、色合いもあまり違いがない日本酒だが、酒米やその精米度合い、酵母、造り方などによって味わい・香り・酸味のバリエーションは多種多様。どんなあてにどんな日本酒を合わせるか、実に悩ましいところだ。

「日本酒の種類は本当に幅広いですからね。酒米一つとっても、山田錦、雄町、五百万石、美山錦などさまざま。しかも、どの地域で栽培されたかによっても、味が違ってくる。でも、一つ言い切ってもいいな、と思うのは、**魚のおつくりには山田錦の日本酒**、ということですね。酒米の王様といわれる山田錦で醸した日本酒は、一般にすっきりしていてトーンに抜け感がある。魚のくさみを消すだけでなく、余韻がいいんです。山田錦は日本各地で栽培されていますが、特に兵庫県の特A地区(三木市や加東市)のものは格別。蔵元さんが使いたがるのもうなずけます」

ほかには、どういった選び方があるのだろうか。

「では、シンプルで、かつ間違いのない選び方を一つ。**白ワインのような抜け感がある、すっきりしたタイプには、柑橘を搾ると合うような、おつくりやカルパッチョなどの生の魚介の料理。野菜の料理も合います。一方、赤ワインのように包み込む味わいがある、まったりやわらかなタイプには、魚料理でもこっくりした味で煮つけたり焼いたりしたものが合う。肉でもいいですね。**たとえば、だしをたっぷり抱き込んだだし巻き卵があてにあるとするならば、すっきりしたタイプの日本酒ではピンとこない。だしと卵に日本酒が負けちゃうんです。でも、まったりやわらかなタイプの日本酒ならピッタリ。だし巻き卵のふくよかな味を日本酒がやさしく包み込んで、あても酒もしっかりと楽しめます。酒米や醸し方のことはさておいて、この2つのパターンを覚えておくといいですよ」

なるほど。日本酒を探す際は、酒販店で目の前の日本酒がすっきりタイプなのか、まったりタイプなのか、スタッフに訊けば万全だ。

わが家でビールを嗜むなら

主に、麦・ホップ・水・酵母を原材料とするビール。最近は小規模醸造で製造される個性的な味わいのクラフトビールが増え、単なる一杯目の酒ではなくなっている。発酵方法の違いでは、上面発酵で深い味わいのエールビール(ペールエール、スタウト、ホワイトエールなど)、下面発酵でシャープな味わいのラガービール(ピルスナーなど)、自然発酵のものに分類される。アルコール度数、色、副原料もさまざまだ。

「ビールは炭酸飲料ですから、泡のはじけ具合は大切ですね。あと、苦みもポイントです。苦みが柔らかいか強いか。苦みが柔らかいのはペールエールやホワイトエール。ホップの苦みが強いのは、ラガーやスタウト。

そこで合わせるものを考えるといい。**苦みが柔らかい爽やか系ならば、野菜とか魚とか。から揚げなどの揚げ物もいい。苦みが強く味わいが深い系ならば、ステーキ、黒酢を使った中華料理、きのこをたくさん使った料理などの茶色系の食材や調味料を使った料理が合うと思います**」

ちなみに、生クリームやチーズなどの乳製品を使った料理には、苦みが強く味わいが深い系のビールが合うそうだ。

わが家でウイスキーを嗜むなら

日本の家庭でもなじみが深い蒸留酒・ウイスキー。昨今のハイボールブームもあって、食中酒としてもすっかり定着した。日本では、国産ウイスキー、スコッチウイスキー（特にモルトウイスキー）、バーボンウイスキーが主流だ。

「なかでも**比較的万能なのが、国産ウイスキー**です。国産ウイスキーと一口に言っても幅広いですが、全般的に味わいが繊細で、日本の家庭料理に幅広く合う。かつ、餃子や酢豚などの中華料理にもいい。とんかつなどにも合います。ハイボールにしてもウイスキーフロートにしても味わいが穏やか。おそらく、**日本の家庭料理には日本のウイスキーが一番しっくり合いますね。**スコッチウイスキーはピート香が強いタイプと穏やかなタイプに大きく分けられます。ピート香が強いタイプは食中酒になりにくいのではと思うかもしれませんが、スモークサーモンや牛タンチップのようなスモークしたものやグリルしたものとは相性抜群。焦げたような木の香りがする料理と合うんですね。バーボンウイスキーは原料がとうもろこしですから甘い。そのため、口当たりが柔らかくて甘い、ホワイトシチューやビーフストロガノフなど乳製品を使った煮込み料理、グラタンなどに合いますよ」

若さまがぜひともおすすめしたいお酒4選

［日本酒①］
大七 純米生酛（大七酒造）
力強くコクがありうまみがしっかりと続く。冷、室温、お燗、すべての温度帯で楽しめ、生酛（きもと）本来の味わいを表現する万能な日本酒。

［日本酒②］
Hakutsuru Blanc（白鶴酒造）
お米から生まれた、白ワインのような香りと味わいもつ日本酒。フルーティーでやさしい口当たりが絶妙で、アフターのほのかな甘酸っぱさが心地よい。

［ビール］
ハイネケン
フレッシュなアロマがアクセント。軽やかで溌剌（はつらつ）とした味わいとアフターの心地よい苦味のハーモニーで、口の中をリフレッシュできるビール。

［ウイスキー］
角（サントリー）
美しい琥珀色。香りは落ち着いていてまとまりがある。ふくらみのある味わいとキレを併せ持ち、喉をゆっくりと流れる美味。凍らせてウイスキーフロートが私のお気に入り！

第4章　魚介のあて

たいのうまみに、塩昆布、オリーブ油がベストマッチ。ぜひお試しあれ。

たいの塩昆布カルパッチョ

材料（2人分）

たい（刺身用／さく）…… 100g
塩昆布* …… 5g
オリーブ油 …… 大さじ1
すだち（横半分に切って種を除く）…… 1コ
木の芽 …… 適宜

*塩昆布の塩分によって味が変わるので、足りなければ塩適量をふるとよい。

つくり方

❶ 塩昆布をオリーブ油につける。

❷ たいを薄切りにし、器に盛る。①をかけ、すだちを添え、好みで木の芽を添える。

合わせるのは

◎スペイン産シェリー酒のソーダアップ

「ゴンザレス・ビアス・ティオペペ・フィノ」のオンザロックに、少しソーダを加える。スペイン・アンダルシアの海風が育んだミネラル感と酸味が、刺身とマッチ。ワインでは生ぐささが強調されてしまう。

若さまの金言

ドライシェリーの
磯の香りは
生の魚にドハマりする

刺身パックで超簡単あつあつ鍋。
つまやけんも
そのまま豪快に使って。

刺身パックしゃぶしゃぶ

材料（1人分）

刺身盛り合わせ*
（今回は、サーモン・たい・いか）…… 1パック
上記刺身盛り合わせのあしらい
…… 1パック分（今回は、大根・海藻・青じそ・わさび）
A だし …… カップ1
うす口しょうゆ・片栗粉 …… 各小さじ2
すだち（横半分に切って種を除く）…… 適宜

＊白身魚やホタテなどでも。

つくり方

❶ 刺身盛り合わせからあしらいを取り出す。青じそはザク切りにする。

❷ 鍋に**A**を入れて混ぜ溶き、中火にかけてへらで絶えず混ぜながら加熱する。とろみがついてフツフツとしてきたら、刺身、①の大根を入れ、菜箸で2〜3回ザッと混ぜて火を止める。残りの①のあしらいをのせ、好みですだちを搾っても。

合わせるのは

◎イタリア産スパークリングワイン

「ロータリ・ブリュット」にブランデーを数滴たらす。ブランデーを加えることで、熟成感のある味わいになり、鍋のとろみとマッチ。

若さまの金言

濃い味の料理には「泡+ブランデー」！

ブリの串焼き

材料（2人分）

ぶり（切り身）…… 2切れ（180g）
ピクルス
（きゅうり／小さめに切る）…… 2本

A
- しょうゆ・砂糖・青ねぎ（小口切り）…… 各小さじ1
- ごま油 …… 小さじ1/2
- にんにく（すりおろす）…… 少々

B
- パン粉（細目）…… 適量
- にんにく（すりおろす）…… 少々

塩 …… 小さじ1/4
オリーブ油 …… 小さじ2
花椒塩 …… 適宜
青ねぎ（小口切り）…… 少々

つくり方

❶ ぶりは身と血合いと皮に切り分ける。身は一口大に切って塩をふり、冷蔵庫で10分間以上おき、出てきた水けを拭く。血合いも一口大に切り、Aに約10分間つける。皮はとっておく。

❷ ①のぶりの身、ピクルス、①のぶりの身の順に1切れずつ串に刺し、合わせたBをまぶす。

❸ フライパンにオリーブ油を入れて中火にかけ、②を並べ入れ、空いているところに①の皮も入れて焼く。途中上下を返し、ぶりの身に火が通ったら、器に盛る。皮も器に盛り、好みで花椒塩少々をふる。

❹ 空いたフライパンに①の血合いをつけ汁ごと入れて中火で火が通るまで焼く。③の器に盛り、青ねぎをのせる。

合わせるのは

◎若さま特製・即席サングリア

みかんを直火であぶり、皮をむく。器に黒糖、みかんの実と皮、「コノスル・シャルドネ・ビシクレタ・レゼルバ」、とうがらし、クローブを加えて、中身をつぶす。氷を入れたグラスに注ぎ、炭酸水を少し加える。ぶりとみかんは好相性。生ぐささをやさしく包み込む。

ブリカマスペアリブ

材料（1〜2人分）

ぶりのカマ …… 1切れ（約400g）

A
- みそ・はちみつ・みりん …… 各大さじ2
- しょうゆ・ごま油 …… 各大さじ1
- しょうが（すりおろす）・にんにく（すりおろす）…… 各小さじ1/2

塩 …… 小さじ1/2
柚子（横半分に切って種を除く）…… 1コ

つくり方

❶ ぶりのカマ全体に塩をまぶし、冷蔵庫で30分間以上おき、出てきた水けを拭く。

❷ 保存袋にAを入れて袋の外側からもむ。①のぶりのカマを入れ、空気を抜きながら袋の口をしばり、冷蔵庫で一晩おく。

❸ ②のぶりのカマを両面焼きグリルの弱火で焦げないように注意しながら10〜12分間焼く。器に盛り、柚子を添える。

合わせるのは

◎石川県産赤ワイン

千里 プティヴェルド2019

ぶりの濃厚な脂を、国産赤ワインの適度な渋みとほどよい酸味が抑え、うまみを引き上げる。

ぶりをこんがり揚げ焼きにし、
香ばしさを楽しむ。
ピクルスで酸味を効かせる。

ぶりをしっかり味のたれで焼き上げ、
スペアリブ風に豪快にかぶりつく！

韓国風の味つけで、
お酒がすすむネギトロに。
もちろんご飯にも◎。

韓国風とろとろネギトロ

材料（2人分）

A
- まぐろ中トロ（刺身用）・めかぶ（生食用）
  …… 各30g
- 白菜キムチ（みじん切り）…… 大さじ1
- たまねぎ（みじん切り）…… 小さじ1
- しょうゆ …… 小さじ½
- コチュジャン …… 小さじ¼

韓国のり（巻きやすい大きさに切る）・松の実（あれば）
…… 各適量

つくり方

Aをよく混ぜ合わせ、韓国のりに適量のせる。好みで松の実少々をのせ、巻いて食べる。

合わせるのは

◎ 北海道産赤じそ焼酎

「鍛高譚」のトニックウォーター割り、ライム添え

赤じその香りはまぐろやめかぶなど、海の食材と相性抜群。さらにトロトロの口当たりを、爽やかな香りがリセット。

呑めるごま団子2種

材料（12コ分）

白玉粉……140g
水……120〜150ml

和風味（6コ分）

あじ（刺身用／3枚おろしにしたもの）……半身（60g）

A
- みそ……大さじ½
- 青じそ……2枚
- しょうが……5g
- 青ねぎ……½本

B
- 片栗粉……大さじ½
- ごま油……小さじ½
- 白ごま……適量

エスニック味（6コ分）

むきえび……5尾（60g）

C
- 豚ひき肉……20g
- パクチー……1〜2株
- にんにく……½片
- ナムプラー……大さじ½
- 塩……少々

D
- 片栗粉……大さじ½
- 黒ごま……適量

米油……適量

つくり方

❶ 白玉粉を入れたボウルに水を少しずつ加えながら手で練り、耳たぶくらいの固さにする。

❷ 和風味のタネをつくる。あじを包丁でたたいてミンチ状にし、**A**を加えて刻む。なめらかになったら、**B**を加えて混ぜる。

❸ エスニック味のタネをつくる。えびを包丁でたたいてミンチ状にし、**C**を加えて刻む。なめらかになったら、**D**を加えて混ぜる。

❹ ①を12等分する。6コ分は②の和風味のタネを包んで団子状にし、外側に白ごま適量（分量外）をまぶす。残り6コ分は③のエスニック味のタネを包んで団子状にし、外側に黒ごま適量（分量外）をまぶす。

❺ 160℃に熱した米油で④を揚げる。表面が固まってきたら、菜箸で転がしながら揚げ、皮に亀裂が入って割れてきたら、さらに1分間揚げて中まで火を通す。

合わせるのは

◎フランス産白ワイン

ブルゴーニュ・ブラン2018

上品さが持ち味のシャルドネ種のワイン。樽熟成の香ばしさがごまとマッチし、ミネラル感が魚介のうまみを引き上げる。

大原流「あてになるごま団子」。
あじは和風、
えびはエスニックの味つけで、
それぞれのうまみを引き立てる。

合わせるのは

◎岐阜県産スパークリング日本酒

すますまプレミアム

揚げ物には泡を合わせたい。このお酒の爽やかな甘みがさばの脂を包み込む。

さば缶のうまみを
芋が包み込む。
さつまいもも加えてふんわりした
口当たりにするのが大原流。

かんたんにつくれてお酒に合う、
煮込まないさばみそ。
温かい豆腐を添えて。

合わせるのは

◎大分県産麦焼酎の「前割り」

「二階堂・吉四六」をあらかじめ水で割り、3日間寝かせる。前割りすることで、おどろくほどまろやかでやさしい味わいに。豆腐の味わいに見事に寄り添う。

さば缶コロッケ

材料（約20コ分）

じゃがいも（一口大に切る）
…… 2〜3コ（約250g）
さつまいも …… （小）1本（約170g）

A
- さばの水煮（缶詰／汁けをきる）…… 1缶（固形量140g）
- バター …… 10〜20g
- 塩 …… 小さじ1/4
- 黒こしょう（粗びき）…… 少々

マヨネーズ …… 大さじ2
ポン酢しょうゆ …… 小さじ1
小麦粉・パン粉（細目）…… 各適量
溶き卵 …… 1コ分
米油 …… 適量

つくり方

❶ さつまいもは皮をむき、じゃがいもの約2倍の大きさに切る。

❷ じゃがいも、①のさつまいもを鍋に入れ、ひたひたに水を注ぎ、塩1つまみ（分量外）を入れて中火にかけ、竹串がスッと通るまでゆでる。鍋に水けが残っていたら軽くきり、マッシャーでつぶす。

❸ ②に**A**を加えて全体をムラなく混ぜ、バットに広げて完全に冷ます（ここでタネを完全に冷まさないと揚げるときにはじけやすくなる）。約20等分して丸め、小麦粉、溶き卵、パン粉の順に衣をつけ、170℃に熱した米油で揚げる。表面が固まってきたら、菜箸で転がしながら2〜3分間カリッとするまで揚げ、器に盛る。小皿にポン酢しょうゆとマヨネーズを入れて、添える。

かんたんさばみそ

材料（2人分）

さば（3枚におろして腹骨を除いたもの）
…… 半身（正味100g）
絹ごし豆腐 …… 1/2丁（200g）

A
- 酒 …… カップ1/4
- しょうが（すりおろす）・にんにく（すりおろす）…… 各少々

B
- みそ …… 大さじ2
- 砂糖 …… 大さじ1

ごま油 …… 小さじ1
青ねぎ（小口切り）…… 少々
粉とうがらし …… 適宜

つくり方

❶ スプーンでさばの身をこそげ取る。

❷ フライパンに**A**を入れて中火にかけ、沸いたら①のさばの身を入れる。さばが白くなってきたら、混ぜ合わせた**B**を加えてからめるように炒めて火を止め、ごま油をふってザッと混ぜる。

❸ 豆腐は小鍋に入れ、かぶるくらいの水を注いで中火にかけ、沸いたら弱めの中火にし2〜3分間煮る。取り出して厚みを半分に切る。

❹ ③の豆腐を器に盛り、②を適量のせる。青ねぎをのせ、好みで粉とうがらし少々をふる。

オイルサーディンを
卵でとじて柳川風に。
煮上がりに少しのごま油で
香りをプラス。

オイルサーディンの柳川鍋

材料（1人分）

オイルサーディン（缶詰／汁けをきる）…… 50g
ごぼう（ささがき）…… 30g
溶き卵 …… 2コ分
A ｜ 水 …… カップ$\frac{3}{4}$
　 ｜ うす口しょうゆ …… 大さじ1
ごま油 …… 少々
青ねぎ（小口切り）・粉ざんしょう …… 各少々

つくり方

❶ ごぼうは水に約10分間さらして、水けをきる。

❷ 土鍋にオイルサーディンを入れて菜箸で身を粗くほぐす。A、①のごぼうを加えてふたをし、中火にかけて約3分間煮る。ごぼうが柔らかくなったら、ごま油を加えて、溶き卵を回し入れる。卵が半熟状になったら火を止め、青ねぎを散らし、粉ざんしょうをふる。

合わせるのは

◎石川県輪島産日本酒
竹葉 純米吟醸をぬる燗（35℃くらい）で
軟水で造られたなめらかでやさしい味わいの日本酒。ぬる燗、さらに平盃（ひらはい）で呑むと、一層口当たりがやわらかく。柳川の味の強い具材にやさしく寄り添う。

若さまの金言

軟水の酒はなめらかですっきり。ぬる燗、平盃で呑めばさらにまろやか

へしこカナッペ

材料（1〜2人分）

食パン（10枚切り）…… 1〜2枚

A
- バター（食塩不使用／常温に戻す）…… 30g
- へしこ（さば、またはいわし／焼いて粗くほぐす）* …… 5g

マイクロトマト …… 適宜

黒こしょう（粒／つぶす）…… 少々

＊へしこがなければ、フライパンでサッと焼いたアンチョビでもよい。

つくり方

❶ 食パンは一口大のひし形に切り（抜き型で抜いてもよい）、オーブントースターでこんがりと焼く。**A**は混ぜ合わせる。

❷ ①の食パンに**A**をのせる。好みでマイクロトマトをのせ、黒こしょうをふる。

合わせるのは

◎スペイン・カタルーニャ産カヴァ

サバルテス・カヴァ・ブリュット・レゼルヴァ

ぶどうを朝摘みすることによる、キリッとフレッシュな味わいが特徴。へしこバターの濃厚な味わいをすっきり流す。

いかと柑橘（かんきつ）のあえもの

材料（2人分）

いか（刺身用／細切り）…… 30g
グレープフルーツ（皮・薄皮を除く）
…… 50g（正味）
しょうゆ …… 小さじ½
食べるラー油（市販）…… 適量
木の芽 …… 適宜

つくり方

ボウルにグレープフルーツを手で粗くほぐしながら入れる。いかを加えてしょうゆで味を調える。器に盛り、食べるラー油をかけ、あれば木の芽をあしらう。

合わせるのは

◎宮崎県産芋焼酎
球〝Q〟

ワインのようなフルーティーさが特徴の芋焼酎をワイングラスで。アルコール度数も14％と低めで、軽やかな酸味が、柑橘の風味、いかのうまみとマッチ。

若さまの金言

時にはワイングラスで
芋焼酎、
なんて冒険もすべし

魚肉ソーセージのかき揚げ

材料（2人分）

魚肉ソーセージ …… 1本（70g）
たまねぎ（1cm幅に切る）…… 1/4コ（50g）
パセリの葉…… 15g
小麦粉 …… 大さじ1
衣
　小麦粉・水 …… 各大さじ2
トマトソース
　トマト（すりおろす）…… 大さじ1
　トマトケチャップ・米酢 …… 各小さじ1
　塩 …… 1つまみ
米油 …… 適量
塩 …… 少々

つくり方

❶ トマトソースの材料は混ぜ合わせる。

❷ 魚肉ソーセージは長さを4等分に切り、縦に6等分に切る。

❸ ボウルに②、たまねぎ、パセリを入れ、小麦粉をふって全体にまぶし、よく溶いた衣を加えてからめる。

❹ 180℃に熱した米油に③を大きめの一口大ずつ落とし入れ、表面が固まってきたら、菜箸で転がしながらカリッと揚げる。塩をふって器に盛り、①のトマトソースを添える。

合わせるのは

◎スコットランドウイスキーのハイボール

アイシングしたグラス（49ページ参照）に、「タリスカー10年」を加える。まずはウイスキーだけを冷やした後で炭酸を加える。レモンの皮から出る果汁を、グラスの側面に吹きつける。磯の香りがただようウイスキーが、魚肉ソーセージに合う。さらにトマトソースとレモン果汁がリンクし、爽やかに。

若さまの金言

ひと手間加えたハイボールで、
魚肉ソーセージが
極上の味に

魚肉ソーセージが余ったらかき揚げにしてあてに。トマトのすりおろしソースが味わいを引き立てる。

やさしい味わいの黄身酢で、
ゆでがにがさらにおいしく。
かにの脚は焼いても◎。

ゆでがにの黄身酢添え

材料（2人分）

かに（ゆでたもの）…… 適量
黄身酢
　卵黄 …… 1コ分
　米酢・みりん …… 各小さじ2
　塩 …… 1つまみ
　溶きがらし …… 少々

つくり方

❶ 黄身酢の材料を耐熱容器に入れて泡立て器で混ぜ、ラップをかけずに電子レンジ（600W）に15秒間かけて取り出し、よく混ぜる。再度電子レンジに15秒間かけて混ぜる。

❷ かにを器に盛り、黄身酢を添える。

合わせるのは

◎富山県産白ワイン
セイズファーム シャルドネ2019
華やかで後味にうまみの広がる国産のシャルドネが、かにの甘みをやさしく引き出す。カリフォルニアのシャルドネなど香りが強すぎるものではトゥーマッチ。

若さまの金言

富山生まれのシャルドネが、
かにの甘みを
引き上げる

あさりのたこ焼き（貝焼き）

たこ焼きの
生地の中身をあさりに。
あさりのだしを
たっぷり味わうため、
何もつけずに食べてみて。

材料（24個分）

あさり（砂抜きし、殻をこすり合わせてよく洗う）…… 300g
酒 …… 大さじ2
生地
| 小麦粉 …… 130g
| だし …… カップ2½
A | 溶き卵 …… 1コ分
| うすロしょうゆ …… 小さじ½
青ねぎ（小口切り）・紅しょうが（みじん切り）・揚げ玉
…… 各適量

つくり方

❶ 鍋にあさり、酒を入れ、ふたをして中火にかける。あさりの口が開いたら取り出し、殻を外しておく（蒸し汁は粗熱を取り、とりおく）。

❷ 生地をつくる。小麦粉を入れたボウルにだしを少しずつ入れながら、泡立て器で溶き混ぜる。**A**を加えてさらに混ぜ、①の蒸し汁を加えて混ぜる。

❸ たこ焼き器を温め、米油適量（分量外）を全体に塗る。充分に熱くなったら、生地を適量流し入れ、①のあさりの身を1コずつ入れ、青ねぎ・紅しょうが・揚げ玉を順に全体に散らす。竹串で形を整えながら焼き、火が通ったものから取り出す。

合わせるのは

◎岩手県産日本酒
南部美人　酒未来　純米大吟醸
酒未来という酒米で造られた、すっきりと透明感のある日本酒が、あさりのだしを最大限に引き立てる。

若さまの金言

たこ焼きは
ソースありなら軽めの赤、
ソースなしなら日本酒

もうちょっと
呑みたいなぁ

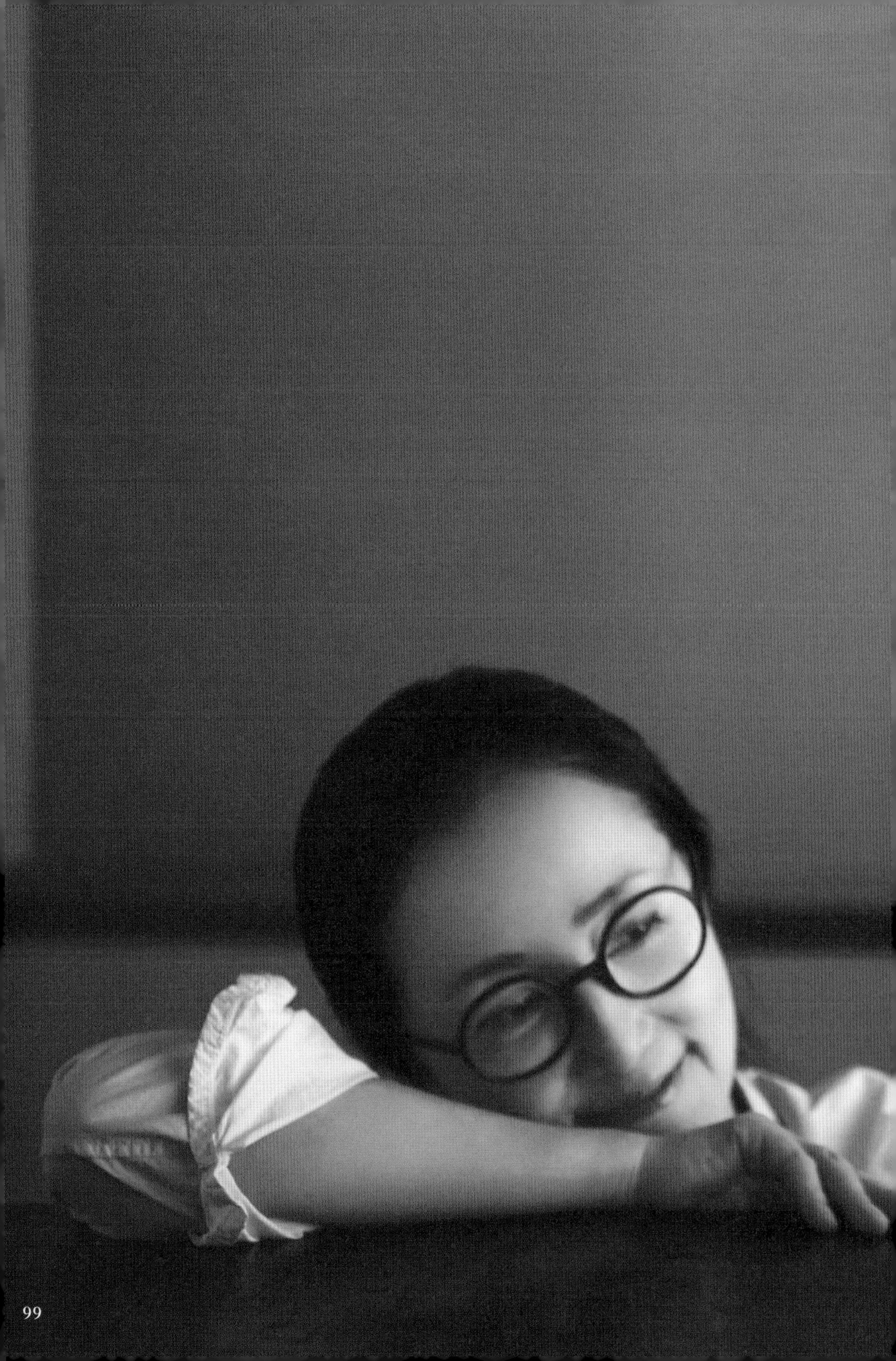

第5章 シメでも呑む

まぐろの山かけ丼

材料（2人分）

ご飯（温かいもの）…… 茶碗2杯分（300g）
まぐろ中トロ（刺身用／さく／食べやすく切る）…… 150g

A
- 柚子果汁 …… 大さじ1
- 砂糖…… 大さじ½
- 塩…… 小さじ½
- 柚子こしょう…… 小さじ⅛

B
- 長芋（すりおろす）…… 100g
- だし…… カップ¼
- うす口しょうゆ …… 小さじ1

C
- きゅうり（みじん切り）…… 50g
- たくあん（みじん切り）…… 20g
- 青じそ（みじん切り）…… 2〜3枚分

しょうゆ …… 大さじ1
焼きのり …… ½枚
生わさび（すりおろす）…… 少々

つくり方

❶ Aを混ぜ合わせてご飯にふり、全体を混ぜる。

❷ まぐろにしょうゆをふる。

❸ ボウルにBを入れてよく混ぜ、Cを加えてさらによく混ぜる。

❹ ①を器に盛って②をのせ、③をかける。のりをちぎってのせ、わさびを添える。

合わせるのは

◎山梨県産赤ワイン
シャトーメルシャン 山梨マスカット・ベーリーA
すしには渋みの少ない赤ワインがよく合う。とりわけマスカット・ベーリーA種の風味は酢飯に抜群の相性。

若さまの金言

マグロのすしに
相性抜群なのは
マスカット・ベーリーA

きゅうりとたくあん、
青じそを加えて
さっぱり味の山かけ丼。
ほどよい酸味が、
ご飯にもお酒にも合う。

牛脂の香りと香ばしさで、
一度食べたらやみつきに。
うまみの強いお酒を合わせて。

牛脂チャーハン

材料（2人分）

ご飯（温かいもの）…… 茶碗2杯分（300g）
牛脂（細かく刻む）…… 30g
にんにく（細切り）…… 1片分
塩 …… 小さじ½
青ねぎ（小口切り）…… 10〜20g
しょうゆ …… 大さじ1
紅しょうが（みじん切り）…… 適宜

つくり方

フライパンに牛脂を入れて中火で炒める。牛脂から油が溶け出してカリカリになるまで炒めたら、にんにくを加えて炒め、香りが立ったらご飯を入れて炒める。塩で味を調え、ご飯がパラパラになったら青ねぎを加えてしょうゆを回し入れ、味をなじませる。好みで紅しょうが少々をのせる。

合わせるのは

◎フランス産赤ワイン
ドメーヌ・ド・ラ・バスティード
コート・デュ・ローヌ・ヴィラージュ・ヴィザン
フランス産ながら、しょうゆに合う赤。タンニンと牛脂のうまみがマッチし、果実味が一層広がる。

若さまの金言

今、しょうゆの風味に合う
ワインといえば、
ヴィザン村産

XO醤チャーハン

材料（2人分）

卵……1コ
ご飯（温かいもの）……茶碗2杯分（300g）
ごま油……大さじ½
XO醤……大さじ2
塩……適量
青ねぎ（小口切り）……20g

つくり方

❶ ボウルに卵を割り入れ、塩少々を加えて混ぜる。

❷ フライパンにごま油を入れて中火にかけ、①の卵液を流し入れて炒め、取り出す。

❸ ②の空いたフライパンにXO醤を入れて中火でサッと炒め、ご飯を加えて、混ぜながら炒める。ご飯がパラパラになったら、塩小さじ½で味を調えて青ねぎを加え、②の卵を戻し入れてざっくりと混ぜ、器に盛る。

合わせるのは

◎ウイスキーフロート

氷を入れたグラスに先に水を注いでおき、「アベラワー10年」を静かに注ぐ。

ウイスキーは加水することで香りが上がるが、ウイスキーフロートにすることで、より甘みと香りを立たせる。XO醤の甘みとスパイシーさに見事にフィット。

メレンゲチャーハン

材料（2人分）

卵黄のしょうゆ漬け（残った卵白はメレンゲに使用）
- 卵黄 …… 2コ
- しょうゆ …… 大さじ1

メレンゲ
- 卵白 …… 2コ分
- 塩 …… 少々

ご飯（温かいもの）…… 茶碗2杯分（300g）
卵 …… 1コ
マヨネーズ …… 大さじ1
バター …… 10g
ねぎ（みじん切り）…… ½本分
塩・しょうゆ …… 各少々
青じそ（みじん切り）・黒こしょう（粒／つぶす）
…… 各少々

つくり方

❶ 卵黄のしょうゆ漬けをつくる。卵黄は1コずつおちょこなどの小さい器に入れ、しょうゆ大さじ½ずつを注ぎ、冷蔵庫で約3時間おく。

❷ チャーハンをつくる。ボウルに卵を割り入れてよく混ぜ、マヨネーズを加えて混ぜ、ご飯を入れて全体にからめる。

❸ フライパンにバターを入れて中火にかけ、②を入れて炒め、ねぎ、塩を加えてパラパラになるまで炒める。しょうゆで味を調え、耐熱容器に等分に盛る。

❹ メレンゲをつくる。ボウルに卵白と塩を入れ、ハンドミキサーで角が立つまで泡立て、絞り袋に入れる。

❺ ③のチャーハンに、①の卵黄のしょうゆ漬けを1コずつのせ、青じそ、黒こしょうを散らし、④のメレンゲを等分に絞り出す。グリル（またはオーブントースター）でメレンゲに焼き色がつくまで4～5分間焼く。

合わせるのは

◎シャンパン

ポール・デテュンヌ ブリュット

メレンゲとシャンパンの泡泡マリアージュ。発泡までを樽で行うので香りが強く、卵の力強い味わいに合う。

おつまみで余ったサラミをお茶漬けに。
サラミのうまみがじんわりとおいしい。
薬味をたっぷり添えて。

サラミ茶漬け

材料（1人分）

ご飯（温かいもの）…… 軽く茶碗1杯分（約130g）

A
- 鶏がらスープ（顆粒／中華風）…… 小さじ1
- サラミソーセージ（細切り）…… 5g
- 青じそ（せん切り）・しょうが（せん切り）・黒こしょう（粒／つぶす）…… 各少々

つくり方

ご飯を器に盛って**A**をのせ、熱湯カップ½をかける。
混ぜて食べる。

合わせるのは

◎フランス産赤ワイン

ダミアン・コクレ ケス・キ・ディ

ボジョレー産ガメイ種のジューシーで果実味の強いワイン。こしょうと赤ワインは鉄板コンビ。そして果実味がサラミのうまみと香りをさらに引き上げる。

しみじみしじみのスンドゥブチゲ

しじみの即席みそ汁でつくる
スンドゥブチゲ風スープ。
そのままスープとして飲んでも、
ご飯にかけても。

材料（2人分）

豚こま切れ肉（食べやすく切る）……50g
白菜キムチ（食べやすく切る）……100g
絹ごし豆腐……½丁（200g）
卵……1コ
にんにく（すりおろす）……少々
即席みそ汁（市販／生みそタイプ／しじみ味）……2袋（約40g）
ごま油……小さじ1
ねぎ（斜め薄切り）……1本分／粉とうがらし……適宜

つくり方

❶ 鍋にごま油を入れて中火で熱し、豚肉、キムチを入れて炒める。豚肉が白くなってきたらにんにくを加えて炒める。

❷ 熱湯カップ1½、即席みそ汁を加えて混ぜ溶き、豆腐をスプーンですくい入れる。煮立ったら味をみて、足りなければしょうゆ少々（分量外）を加える。卵を落とし入れ、ねぎをのせ、好みで粉とうがらしをふる。

合わせるのは

◎若さまオリジナル焼酎カクテル

麦焼酎「吉四六」、緑茶、レモン果汁、ガムシロップを混ぜ合わせる。緑茶の渋みとレモン果汁の爽やかさが、チゲの濃厚さをすっきりさせ、さらなるひと口を誘う。

塩辛焼きそば

材料（1人分）

キャベツ（ザク切り）…… 150g
いか（刺身用／剣先いか、するめいかなど）…… 40g
中華麺（蒸し／焼きそば用）…… 1玉
A いかの塩辛…… 大さじ1
青ねぎ（小口切り）…… 10g
B ごま油 …… 大さじ½
塩 …… 小さじ¼
塩・こしょう …… 各少々
すだち（横半分に切って種を除く）…… ½コ

つくり方

❶ いかは短冊切りにする。足、エンペラがあれば食べやすく切る。

❷ 中華麺の袋に切り込みを入れて耐熱皿にのせ、電子レンジ（600W）に1分間かける。

❸ フライパン（またはホットプレート）にごま油大さじ½（分量外）を入れて中火にかける。①のいかを入れて塩・こしょうをふってキャベツをのせ、水大さじ1を回し入れて炒める。キャベツがしんなりとしたら、②の中華麺、**A**を入れて混ぜながら炒め、**B**で味を調える。器に盛り、すだちを添える。

合わせるのは

◎ 麦焼酎の燗（かん）ロック

麦焼酎「一粒の麦」を人肌程度にお燗して、氷を入れたグラスに注ぎ、梅を入れる。ぬる燗にすることで味わいの角が取れ、やわらかく麦の香りが立つ。普通のロックでは、塩味に対して後味が強すぎてしまう。

油揚げと青ねぎを
たっぷりいただくにゅうめん。
ホッとするだしの味わいが、
冷えた体を温める。

九条ねぎのにゅうめん

材料（2人分）

そうめん …… 2ワ

A
- だし …… カップ3
- うす口しょうゆ …… 大さじ1½
- 塩 …… 小さじ¼

油揚げ（短冊切り）…… 30g

青ねぎ（7㎜幅の斜め切り）…… 1〜2本（80g）

粉ざんしょう …… 少々

つくり方

❶ そうめんは袋の表示どおりにゆでてざるに上げ、流水で洗って水けをきる。

❷ 鍋に**A**、油揚げを入れて中火にかける。煮立ったら1〜2分間煮て、①のそうめんを入れてひと混ぜし、ねぎを加える。ねぎがしんなりとしたら火を止め、器に盛り、粉ざんしょうをふる。

合わせるのは

◎大分県産麦焼酎（前割り）

焼酎（「二階堂」）6：水4の割合で合わせ、常温で5日間おく。

だしのやわらかな味わいには、前割りしたまろやかな味わいを。前割りしないと、アルコールのにおいが強く出すぎて、だしの香りを邪魔してしまう。

若さまの金言

焼酎を前割りすれば、
刺身にもだしにも合う
まろやかさに

フォーを担々風でいただく。
スープに牛乳を入れて、
濃厚なコクを出すのがポイント。

鶏担々フォー

材料（2人分）

もやし（ひげ根を除く）…… 1/4袋（50g）
フォー* …… 100g
鶏ひき肉（もも） …… 200g

A
- ごま油 …… 大さじ1
- しょうが（みじん切り）・豆板醤 …… 各小さじ1
- にんにく（みじん切り） …… 小さじ1/2

B
- 水 …… カップ1
- 酒 …… 大さじ1

C
- 牛乳 …… カップ1
- うす口しょうゆ …… 大さじ3
- 練りごま（白） …… 大さじ2

青ねぎ（小口切り）…… 少々
糸とうがらし（あれば）…… 少々

＊ベトナムで食べられている米粉の平たい麺。

つくり方

❶ もやしは熱湯で約1分間 ゆでてざるに上げ、水けをきる。同じ湯でフォーを袋の表示どおりにゆで、ざるに上げて湯をきる。

❷ 鍋に**A**を入れて中火で炒め、香りが立ったらひき肉を加え、へらで混ぜながら炒める。ひき肉に火が通ったら**B**を加え、ひと煮立ちしたら**C**を加え、煮立ったら火を止める。

❸ ②の鍋に①のフォーを入れ、温まったら器に盛る。①のもやし、青ねぎ、糸とうがらしをのせる。

合わせるのは

◎バーボンの緑茶割り

「ウッドフォードリザーブ」と緑茶を1：1で合わせ、氷を入れたグラスに注ぐ。
トウモロコシ由来のバーボンの香ばしさに、緑茶の香ばしさを取り合わせる。担々味の辛みを、香ばしさの二重奏がやさしく包み込む。

若さまの金言

バーボンの香ばしさと
緑茶の渋みは
辛みをうまみに変える

冷や汁そうめん

材料（2人分）

そうめん …… 3ワ
きゅうり …… 1本（100g）
煮干し（頭とワタを除く）…… 5g
白ごま …… 大さじ3
塩 …… 小さじ½
みそ …… 30g
みょうが（輪切り）…… 適量
青じそ（せん切り）…… 5枚
すだち（横半分に切って種を除く）
　…… 1コ

つくり方

❶ きゅうりはスライサーで薄い輪切りにし、塩をふって約5分間おく。水けを絞る。

❷ アルミ箔（はく）にみそを薄く広げ、魚焼きグリル（またはオーブントースター）でうっすらと焼き色がつくまで焼く。

❸ 煮干しを手で少しほぐして耐熱皿にのせ、ラップをかけずに電子レンジ（600W）に1分間かける。

❹ 表面加工のしてあるフライパンにごまを入れ、中火でサッといる。

❺ ③の煮干しをすり鉢ですり、④のごまを加えてさらにする。②のみそを加え、水カップ½～¾を少しずつ加えて溶きのばし、器に注ぎ入れる。①のきゅうり、みょうが、青じそをのせ、白ごま（分量外）をふる。

❻ そうめんは袋の表示どおりにゆでてざるに上げ、流水で洗って氷水にとる。水けをよくきって⑤と別の器に盛り、すだちを添える。

合わせるのは

◎大分県産麦焼酎の緑茶前割り

焼酎「二階堂」6：水4の割合で合わせ、緑茶の茶葉を加えて、冷蔵庫で3日間おく。前割りのまろやかさに緑茶の爽やかさをプラス。冷や汁の爽やかさを邪魔せずに、緑茶が薬味の香りを高める。

郷土料理・冷や汁を
そうめんでいただく。
みそをグリルで焼いて
香ばしさプラス。

大原流・冷製ボンゴレ

材料（1人分）

そうめん …… 1ワ
あさり（砂抜きし、殻をこすり合わせてよく洗う） …… 200g
A｜酒* …… 大さじ2
　｜水 …… 大さじ1
B｜柚子こしょう・うす口しょうゆ …… 各少々
青ねぎ（斜め薄切り）・オリーブ油・
　黒こしょう（粒／つぶす）…… 各少々

＊酒蒸しにする酒は、日本酒、白ワイン、カヴァなど好みのもので。

つくり方

❶ 鍋にあさり、Aを入れ、ふたをして中火にかける。あさりの口が開いたら、取り出して殻を外し、身を保存袋に入れる。鍋に残った蒸し汁、Bも保存袋に加え、袋の外から軽く手でもんでなじませる。袋の空気を抜きながら口を閉じてバットにのせ、平らに整えて冷やす（冷蔵庫に入れるか、保冷剤の上に置くとよい）。

❷ そうめんは袋の表示どおりにゆでてざるに上げ、流水で洗って氷水にとる。ざるに上げて水けをきり、さらに紙タオルにとって水けをしっかりときる。

❸ ①の保存袋に②のそうめんを入れ、袋の外から手でもんで味をなじませ、あさり、汁ごと器に盛る。ねぎをのせてオリーブ油を回しかけ、黒こしょうをふる。

合わせるのは

◎スペイン産赤ワイン
ウルトレイア・サン・ジャック2016
スペイン・ビエルソ産、メンシア種の軽やかな赤ワイン。ほのかな磯の香りがあり、魚介に相性抜群。

若さまの金言

魚介に
赤を合わせる
勇気を持つべし

そうめんを冷製ボンゴレ風に。
ソースには好みのお酒を使い、
あさりのだしとの
ハーモニーを楽しむ。

さばパスタ

材料（2人分）

へしこ（さば）…… 30〜40g
トマト …… 1コ
スパゲッティ（直径1.5〜1.6㎜）…… 160g
A 水 …… 2L
　塩 …… 大さじ2
B オリーブ油 …… 大さじ1
　にんにく（薄切り）…… 4〜6枚
柚子の皮（またはレモンの皮／すりおろす）…… 少々

つくり方

❶ トマトは熱湯に約10秒間くぐらせて氷水にとり、皮をむいて乱切りにする。

❷ 鍋に**A**を入れて沸かし、スパゲッティを袋の表示どおりにゆでる（ゆで汁大さじ2をとりおく）。

❸ フライパンに**B**を入れて弱めの中火で炒め、にんにくがよく色づいたら取り出す。へしこを手でほぐしながら加え、水カップ¾〜1を加えて中火にする。煮立ったら、ゆで上げて水けをきった②のスパゲッティ、ゆで汁、①のトマトを加えてザッと混ぜる。器に盛り、取り出したにんにくをのせ、柚子の皮をふる。

合わせるのは

◎イタリア産赤ワイン
タウラージ・ラディーチ

アリアニコ種の力強いワイン。南イタリア産なのでトマトとの相性は言わずもがな。へしこの濃厚な味わいにも、しっかりした渋みが調和する。

若さまの金言

赤ワインの
タンニンの渋みが
発酵のうまみを引き上げる

へしこのコクと
トマトの酸味は
相性好し。

レモンパスタ

材料（2人分）

フェットチーネ（またはタリアテッレ）…… 160g
むきえび …… 10尾
パルミジャーノチーズ
（またはグラナパダーノチーズ／すりおろす）…… 20〜30g

A 水 …… 2L
塩 …… 大さじ2

B オリーブ油 …… 大さじ2
レモン汁 …… 1/2コ分

バター …… 5g
レモンの皮（すりおろす）・黒こしょう（粒／つぶす）
…… 各少々
タイム（生）…… 適宜

つくり方

❶ 鍋にAを入れて沸かし、フェットチーネを袋の表示どおりにゆでる。

❷ えびはサッと洗って水けをきり、背ワタを除いて塩少々（分量外）をふる。フライパンにバターを入れて中火にかけ、えびを火が通るまで炒める。

❸ ゆで上がったフェットチーネをトングでつかんで水けをきりながらボウルに入れ、チーズ、Bを加えてよく混ぜる。器に盛って、②のえびをのせ、レモンの皮、黒こしょうをふり、好みでタイムをのせる。

合わせるのは

◎愛媛県産リモンチェッロにソーダのチェイサー添え

「大三島リモンチェッロ」に炭酸水を添える。リモンチェッロを呑んだ後、ソーダで爽やかに。混ぜ合わせてしまうと、リモンチェッロの味わいが薄まってしまう。レモンソースが一層華やかに。

若さまの金言

時には…
リキュールと炭酸水を
別々に呑んでみて

レモンソースの爽やかな香りと
えびのうまみが奏でるハーモニー。
幅広パスタにソースをよくからめて。

セサミカルボナーラ

合わせるのは

◎イタリア産スパークリングワイン

テヌータ・モンテマーニョ　TMブリュット36

ピエモンテ州のスパークリングワイン・スプマンテを口の広いグラスで。くずきりの食感、ベーコンのうまみ、ごまの香りを見事にまとめ上げる。

若さまの金言

スプマンテを
赤ワイングラスで呑む…
イタリアの流行に乗ってみて

材料（2人分）

ベーコン（スライス／細切りにする）…… 2枚
くずきり（生*）…… 1袋（180g）
A
- 生クリーム …… 大さじ3
- 練りごま（白）…… 大さじ2
- 塩 …… 小さじ¼

すりごま（黒）…… 適量
ミニトマト（赤やオレンジなど／輪切り）・ベビーリーフ・黒こしょう（粒／つぶす）…… 各適宜

＊乾燥の場合は、2人分で90gが目安。袋の表示より1分間長めにゆでる。

つくり方

❶　表面加工のしてあるフライパンにベーコンを入れて中火にかけ、カリッとするまで炒める。

❷　鍋に沸かした熱湯にくずきりを入れて透明になるまでゆで、ざるに上げて水けをきる。

❸　ボウルにAを入れてよく混ぜ、②のくずきりを加えてあえる。器に盛り、①のベーコンをのせる。あればトマトやベビーリーフをのせて黒こしょうをふり、すりごまをかける。好みでレモン（分量外）を少し搾っても。

くずきりをカルボナーラ風に。
もちもち食感と
ごまのソースの濃厚さがたまらない。
ヘルシーにシメたいときにぜひ。

大原千鶴×若林英司 マリアージュ対談

——お二人は普段はどうやってあてと酒を楽しんでいますか？

大原　番組（『あてなよる』）の時は「鴨で呑む」とか「スパイスで呑む」とかお題がありますけど、普段は呑みながら、あてやお酒を思いついていく感じです。具体的にいうと、何か一つつくってはお酒を合わせて食べて、次のお料理に移り、そこで、それまで呑んでいたお酒が合わなかったら、また違うお酒を合わせて食べる、ということを繰り返しています。お酒もそんなに上等なお酒ばかりではなくて、まずはビール、次の白ワインはこってりタイプのシャルドネとかソーヴィニヨンブラン、ヴィーニョ・ヴェルデみたいなすっきりしたタイプを2〜3種類、赤ワインもちょっとライトなタイプとフルボディーなタイプを2種類用意して、あとはウイスキーと焼酎に移っていく感じでしょうか。食材やお酒がいろいろあるので、さまざまに組み合わせつつ、次へ次へと楽しんでいくんです。

若林　さすがですね（笑）。

大原　たとえば、ワインを呑んでいる時も「すっきりしたタイプがいいかな、料理はお魚だし」とか考えて、それで呑んでみて合わなかったら、お魚にレモンを搾ったり、酸味を足したり、バターで焼いたりして今度は料理に少し変化を加えてお酒と合わせていく。いつもそうですね。

家ではデイリーなお酒を楽しんでいますが、そのお料理に合わないものを無理して呑むと、お料理もお酒ももったいない。だから、時にはお料理をお酒に、時にはお酒をお料理に合わせながら食事をするようにしています。そうすると、時間がかかる。結局、2時間も3時間もお酒を呑みながらご飯を食べることになっちゃう。ふふふ。

若林　僕はソムリエを生業としているので、かえって家呑みする時は、この料理にどんなお酒を合わせるかとか、このお酒ならどんな味の料理がいいかとか、考えたくないですね。だから、幅広い料理や味と相性のいい、万能のスパークリングワイン・カヴァをメインに楽しんでいます。

大原　泡サイコー！

若林　ですよね（笑）。お酒と料理はそれぞれ違う造り手がつくっているもので、それが出会った時に楽しい方がいいですよね。だから、マリアージュを考える時も複雑にするんじゃなくて、わかりやすくする。たとえば、色であったり香りであったり、何か一つでもポイントがあるといいなと思いますね。最終的にはセンスということになっちゃいますし、いろいろなパズルのピースがあるんですけれど、とにかく、難しく考えないで、呑みたいものを呑めばいいですよ。そして、いざ、料理に合わせて呑みたいものを呑んでみると、「あ、ちょっと違うな」という時がやっぱり

ある。そうしたら、さっき千鶴さんが言ったみたいに、身近にある調味料を足すなど、ちょっと工夫をしながらお酒に近づけていってあげればいいんです。ただ、その過程を楽しむためには、普段からマリアージュを考えるクセをつけていくのがおすすめです。たとえば、ここにチーズがある。それがブルーチーズだったら、「どれくらい渋みがあるのかな」と想像する。で、実際に食べてみたら、意外に塩けがあってパンチがある。「じゃあ白ワインより赤ワインがいいよね」みたいな。難しく考えないで、呑みたいものを呑む。そして、そこに、これとこれはおいしかったな、という経験をインプットしていく。ルーティンというか、これを続けていくと、いつのまにか自分の中にセオリーができて、家のご飯とお酒をもっと楽しめると思うんです。

大原　お酒って一日の終わりに気持ちをリセットしたり、心を解きほぐしてくれたりするものだから、めっちゃ難しいことはしなくていいですよね。それに、お酒とお料理を合わせること自体を楽しんでやるのか、「まあこれでいいや」と適当にやるのか、で、人生が全然違ってくる。お酒とお料理を合わせることをとことん楽しむ。そのために生きているな、ってすごく思います。それが気持ちの豊かさにつながっていく。

若林　そうですよね。

大原　それがやっぱり大事ですよね。目の前のお料理にチーズを足してみたり、ハーブを合わせてみたり、とか。それだけで組み合わせが何十個もできる。料理のことだけでも、こういう味がちょっとほしいなとか、今日は暑いからさっぱりさせようとか、そういうことを常に考えるのはとっても大事なことだな、と思うんですよ。なんといっても楽しいし。これを面倒くさく思ったら、人生がもったいない。

若林　好奇心じゃないですけれど、「こうやったらどうなるのかな」とか、ワクワクするのも大切。そうやってご飯を食べると、気分も晴れやかになる。ぼんやりとどんぶり飯食べて終わりっていう食事じゃ、残念だし、もったいない。時間ってすごく貴重なものですけれど、食事時間をゆっくりとれる人ってすごく贅沢な時間の使い方をしているな、と思います。

大原　そうよね。

若林　で、そこにお酒が関わってくることによって、豊かさがふくらむ。高級なお酒が必要なわけではなくて、グラスのビールやお猪口（ちょこ）一杯のお酒でもゆっくりと味わうことで、幸せになれることが一杯ある。本来はお酒って、心を和ませて、ニコッとさせてくれるものなんです。もちろん、お酒を召し上がらない方もいらっしゃるし、一概に食べ物だけでは楽しめないかというと、そうではないのですが。でも、仕事でノンアルコールのペアリングをする機会があると、それはそれで面白いけれど、やはりアルコールにはアルコールならではのボリューム感や味わい、懐の深さがあるなと感じます。もし、少しでもお酒を嗜めるのであれば、お酒と料理との組み合わせの妙を感じてほしいし、それを体験して「こんなにおいしかったんだ！」と喜んでいただけるといい。それで、食が豊かになって、明日への活力になればうれしいですね。突き詰めると、飲食の目的はこれだと思います。もし、マリアージュが複雑でわからないというのであれば、食材の色とワインの色を合わせるとか、濃いものには濃いものを合わせるとか。それだけでも、楽しむための入り口になりますよ。

——大原さんの料理の印象はいかがでしたか？

若林　食材や調味料の組み合わせが面白いなー、と思ったあてはいっぱいあります。「こんなことするんだー！」って。これは一緒にやっていて面白かったですね。それと、千鶴さんの料理は時間がかからないですね。

大原　ほほほ。

若林　普通の方だったらまず、あんなに早くできない。で、早いだけじゃなくて、おいしい。食材や調味料も難しいものを使わないし、いくつかの工程を一緒にやっちゃって時間を短縮するとか、そういう工夫には正直びっくりしました。それに、「こうするとこんなにおいしいんだ！」という発見もたくさんありましたね。食材の組み合わせやつくり方が複雑じゃなくて、すごくシンプル。それでいて味わいがあって、食べ飽きない。どんどん食べちゃえる。考えなくて、おいしい。僕らもそうなんですけれど、考える、あるいは考えさせる料理っていうのは、複雑すぎる。複雑というのはいい意味もあるんだけれども、考えなくてもダイレクトで「これおいしいね」と感じる。そういうのがすごくいいな、と。

——若林さんのペアリングはどんな印象がありますか？

大原　最初に「すごい！」と思ったのは、『エスキス』（＊東京・銀座『レストラン エスキス』。若林が総支配人兼シェフソムリエを務める）に行った時。「ワインでこんなに味が変わるんだ」としみじみ感じ入りました。普段は同席の人に「ワインジュース飲んでるの!?」って思われるくらいにたくさん呑むということもあって（笑）、ワインの存在を特に意識することなく食べたり呑んだり。でも、若さまの言葉のなかにちりばめられているみたいに、ちゃんとワインとお料理を合わせるセオリーを識ると、「ああそうなのか」と思って自分でも試してみるし、どんどん反映されていきますね。ワインは高いワインだけがいいんじゃない。コンビニで買えるようなリーズナブルなワインも組み合わせ次第ですごく面白いんだな、と改めて思いました。

若林　ペアリングのことでいうと、僕の場合は目の前に料理があった時、この料理を食べてもっと幸せになるには、あるいは、もっとおいしくするにはどうしたらいいか、と勝手に自分の頭の中で情報処理するんです。その時に、あ、強いのも面

白いな、とか、甘いのも面白いな、とか大きな組み合わせが2つ3つ出てきて、さらには具体的なワインが5つくらい浮かんできて、それを情報処理して、今、この場で何が一番面白いのかというのを考えるんです。考えるというか、ほぼ直感みたいになっているんですが。でも、大前提として大事にしているのは、料理をつくってくださった方の思いですね。こうやって食べてあげればこの料理をつくった方も喜ぶのかな、と考えて、お酒と組み合わせています。

――番組は全72回。印象的なできごとはありましたか?

大原 試食会(*番組収録前に、あてと酒を決定するための試食会を毎回開催していた)の時に若さまがいろいろ食べて考えてお酒を選んでいるのを間近で見ていて、すごい労力だろうなと思っていました。お酒を決定するまでの時間も短いし、何度も試飲してというのもなかなか難しいだろうし。最初のうちの試食会がない時は、私のレシピを見るだけで、味や組み合わせを想像していたんですよね?

若林 本番で初めて食べて「ああ」とか「どうしようかな」と思ったこともありましたね。途中から、皆さんと一緒の試食会が開催されるようになって、その苦しさから逃れられました(笑)。監督からむちゃぶりされる時もありましたよね。でも、僕も千鶴さんも「できへん」とは言わないから。「できますよ、やりますよ」って頑張る、考える。それがまた面白かったですね。

大原 カクテルの登場回数も多いですよね。

若林 カクテルやハードリカーについては、アドリブで思いついたことが多かった。でも、「こう呑めばおいしいし、家でも簡単にできますよ」という呑み方はしっかりとご紹介できたかな。ウイスキーフロート(*104ページ参照)もその一つ。家で普通につくれるし、ウイスキーを凍らせれば上に普通にのりますから。そういうのは楽しい。

大原 収録自体も面白かったです。活け海老が元気よく跳ねるのを撮影するのが大変だったり、このスタジオで焼肉を焼くというので「やめてー!(笑)」なんて思ったり。試食会ではいろいろな方の貴重な意見も聞けましたし。とにかく、みんなで力を合わせて番組をつくるという過程がよかったですね。それがご覧になっている方には伝わって響いたと思います。それに、ゲストで来ていただいた方もいろいろな反応があって楽しかったですね。

若林 「よく呑んだー!」という方や「呑み足りない! まだ帰りたくない」とおっしゃる方もいらっしゃいましたね。

大原 いらした時と帰る時で、表情がほぐれてがらりと変わっていらしたり。

若林 このスタジオで目の前で千鶴さんがリアルに料理をつくって、僕がお話をしながら合うお酒を出して……。ほかにこんな番組はないですよね。ハプニングもないこともないけれど、それで逆に面白くなったりするし。おいしいものがサッとできて、それがお酒でさらにおいしくなって、というのが、短い時間で感じていただけたんじゃないかな。難しいことも言ってないから、すごくわかりやすかったと思います。だからすぐに引き込まれて、視聴者の反応もいいみたいな。「観たよ」「面白かったよ」と店でお客様にもよく言われましたね。

大原 私たちも収録の時は、いつもアドレナリンが出ていて楽しかったですよね。若さまが酔っぱらったりして。

若林 どんなに酔っぱらっていても、ソムリエという仕事がしみ込んでいてお酒をついじゃったりするんですよね。スタートからもう8年ですか。ゲストで出たいと言ってくださる方がまだまだいらっしゃいますよ。

やっぱり思うのは、食事って楽しくて、愉しい大切な時間。ちょっとした工夫をした料理と、さらにはそこにお酒が絡むと幸せになれることがとても多いと思います。普段忙しい方も、時間がある時はそういうゆとりのある食事をして、いろい

ろなお酒と過ごしてほしいなと思います。

大原　ホントにそう。お料理とお酒を楽しむ時間は、一日の暮らしのなかの本当に大事な時間だと思うし、忙しい時ほどそういう時間って大切。この本をきっかけに、「あ、こんなんでいいんだ」とか「このくらいでこんなに楽しめるんだ」と思ってお料理を一つでもつくってみたり、それをお酒と組み合わせてみたり、興味を持つ人が増えてくれたらいいな、と思いますね。

――今後「あてなよる」でやってみたいテーマはありますか？

大原　ワインをぶどう品種ごとに呑むとか。品種によって違うので、面白いな、と思います。あと、ウイスキーやりたいな。

若林　一番好きなのはウイスキー？

大原　いいえ、シャンパン。でも、なんでもいただける（笑）。この間、新幹線の車内で呑んだ国産ウイスキーのハイボール缶がめちゃくちゃおいしかったので、つい。

若林　ははは。そうですね。食材はほぼやり尽くした感がありますよね。

大原　あ、あと私は外でやりたいな。寿司屋で呑む、とか。

若林　高級お寿司屋さんじゃなくて、買ってきたお寿司でもこんなにおいしくなるって。そういうのも面白い。

大原　私は買ってきたお刺身には塩を当て直したり、もう一度切り直したりして自分の好きなように手を入れていますよ。

若林　いいですね。スーパーやコンビニの出来合いのものを買ってきて千鶴さんが調理して、それにお酒を合わせるとか。今の世の中では市販のお惣菜の需要が高まっていますよね。それをもっとおいしくできたら、と思います。ご飯に合う味とお酒に合う味では違ってくるし。

大原　サラダチキンとかね。ポテサラとか焼き鳥とか。焼き鳥なら、おねぎと炒めて、ナムプラーとかレモンとか、にんにくとかとうがらしとかをちょっと足してみるとか。今のコンビニってそれだけで暮らせるくらいなんでもあるものね。

若林　でも、買ってきたそのままではちょっと物足りないなというのもあって。

大原　それもそう。それに塩分が高い。だから、から揚げみたいなものでも、大根おろしを足すとか切ったトマトと混ぜるとかして、野菜を足して塩分を薄くすると、栄養的にもちゃんとした料理に近づくかな。刻んだナッツをふっても楽しい。

若林　そこに、シークワーサー風味のビールを合わせるとか。ペールエールもいいし、ビールに柑橘を一搾りなんてのもいいですね。今は家呑みも増えているし、そういうのも役に立つのかな。

おわりに

「あてなよる」の収録は本当に楽しく、多くを勉強させていただきました。スタッフの方々との打ち合わせや準備も刺激的で、わくわくすることがたくさんあり、充実した日々でした。

収録には、レストランでの仕事と同じように、お招きしたゲストに楽しんでいただきたい一心で臨んできました。「また来たい」「美味しかった」「楽しかった」のお声をいただきたい気持ちでいっぱいでした。だからこそ、実際に楽しまれているゲストのお顔を見るのが、本当に嬉しく、励みになりました。パフォーマンスではなく、自然なおもてなしがゲストの身体も心も幸せにできたように思います。合わせるお酒も、複雑なことは考えず、「美味しく楽しく」をモットーに自然に湧いたものをお出ししてきました。結果として、それが一番よかったのではないかと思います。美味しい「あて」とお酒をお出ししても、我々がそれに見合った気持ちにならなければ、成り立たないもので

す。我々が苦しければ何も残らず、我々が楽しめれば場が広がります。だからこそやりがいのある、素晴らしい仕事でした。

番組をご覧いただいた方々から、「本当に楽しそう、引き込まれそう」「あそこに座りたい、体験したい」など多くのお褒めの言葉をいただいたことも、純粋に嬉しかったです。私のマリアージュは、想い出や会った人々、訪ねた場所などをベースに考え、感覚とロジックを組み合わせて表現しています。難しく考えず、基本は自分が飲みたいものを、そして何よりゲストの方々が楽しめる飲み物を考案しています。それには、大切に作られた料理と酒をリスペクトするところから始まります。お互いを知り尽くし、尊重し、愉しまなくてはなりません。人々の感動のお手伝いをしたい一心です。

源監督はじめ、「あてなよる」に携わっていただいた方々に心より御礼申し上げます。そしてこの本が、皆さまの愉しみにつながれば嬉しいです。

感謝

若林英司

「あてなよる」番組制作チーム

企画・演出	源孝志
音楽	阿部海太郎
語り	石橋蓮司
出演	大原千鶴　若林英司
構成	成田はじめ
ディレクター	荒木俊雅　小山順子　ジミー小林　大阿久知浩
取材	須藤洋子　芝﨑弘記　長谷川貴彦　永井陽菜
制作	佐藤あつし　安藤一貴　田中慶子　槙哲也
撮影	伊庭隆行　前田剛志　澤井雅弘　岡本年克
技術	近藤将司　木村将人　田中大文
照明	田中一輔
音声	高沢幸児　増田岳彦
調理アシスタント	酒井智美
ヘアメイク	黒地綾子
編集	小泉圭司　髙橋奈月音　山本康介　布施大樹
ＭＡ	湯井浩司
選曲・効果	佐古伸一　栗山伸彦
制作デスク	初鹿野佳代子　原田緑
ポストプロダクション協力	ザ・チューブ　メディアハウス・サウンドデザイン
プロデューサー	中田好美　堤智志　河野美里　八巻薫
制作統括	牧野望　渡辺圭　川崎直子　源孝志
制作	ＮＨＫエンタープライズ
制作・著作	ＮＨＫ　オッティモ

若林英司が総支配人を務める店

ESqUISSE エスキス

〒104-0061
東京都中央区銀座5丁目4-6
ロイヤルクリスタル銀座9F

TEL：03-5537-5580
TEL：050-5369-5052（英語専用）
ランチ　12：00〜13：00（ラストオーダー）
ディナー　18：00〜20：00（ラストオーダー）

若林英司

ソムリエ。長野県生まれ。小田原の「ステラ マリス」、恵比寿の「タイユバン・ロブション」でシェフ・ソムリエ、「レストラン タテル ヨシノ」の総支配人を歴任し、現在「レストラン エスキス」の総支配人。著書に『「スーパーソムリエ」への道 サービスとマリアージュの極意』（キクロス出版）。

大原千鶴

料理研究家。生家は京都・花脊の老舗料理旅館「美山荘」で、里山の自然に親しみながら和食の心得や美意識を育む。「きょうの料理」「あてなよる」「京都人の密かな愉しみ」（いずれもＮＨＫ）、「キユーピー３分クッキング」（日本テレビ）など、メディア出演多数。著書に『ＮＨＫきょうの料理 大原千鶴のおいしい冷凍レシピ』（ＮＨＫ出版）など多数。

取材・レシピ構成	遠藤綾子
アートディレクション	中村圭介（ナカムラグラフ）
デザイン	樋口万里　平田賞（ナカムラグラフ）
DTP	滝川裕子
撮影	邑口京一郎
調理アシスタント	酒井智美　大原崇央
校正	東京出版サービスセンター
編集	伊藤大河

あてなよる

大原千鶴のおつまみ百花

2023年12月5日 第1刷発行

著者　大原千鶴・若林英司

発行者　松本浩司
発行所　NHK出版
〒150-0042　東京都渋谷区宇田川町10-3
TEL 0570－009－321（問い合わせ）
TEL 0570－000－321（注文）
ホームページ https://www.nhk-book.co.jp
印刷・製本　広済堂ネクスト

Printed in Japan ISBN978-4-14-033329-7